Robert Bosch Stiftung (Hrsg.)
**Gemeinsam für ein besseres Leben
mit Demenz**

Petzold et al.
Ethik und Recht

Gemeinsam für ein besseres Leben mit Demenz

Eine Buchreihe der Robert Bosch Stiftung

Rund eine Million Menschen in Deutschland leiden an Demenz. Die enorme Herausforderung dieser Krankheit für unser Gesundheitssystem und unsere Gesellschaft ist nur zu bewältigen, wenn alle Beteiligten an einem Strang ziehen. Das möchte die Initiative *Gemeinsam für ein besseres Leben mit Demenz* der Robert Bosch Stiftung erreichen. In sieben Werkstätten haben rund 80 Vertreter aus Politik und Verwaltung und von Angehörigenorganisationen gemeinsam mit Wissenschaftlern und Praktikern aus Medizin, Pflege und anderen Disziplinen über die zentralen Probleme des Lebens mit Demenz diskutiert. Die sieben Berichte der Werkstätten fassen das jeweilige Thema zusammen, greifen gute Ansätze in der Praxis auf und geben Handlungsempfehlungen. Sie richten sich an alle, die beruflich direkt oder indirekt mit der Begleitung von Menschen mit Demenz befasst sind, sowie an interessierte Laien und Entscheidungsträger.

Die sieben Bände:

Die Krankheit frühzeitig auffangen (ISBN 978-3-456-84399-5)
Ressourcen erhalten (ISBN 978-3-456-84394-0)
Gemeinsam betreuen (ISBN 978-3-456-84393-3)
Demenzkranken begegnen (ISBN 978-3-456-84395-7)
Technische Unterstützung bei Demenz (ISBN 978-3-456-84396-4)
Ernährung bei Demenz (ISBN 978-3-456-84397-1)
Ethik und Recht (ISBN 978-3-456-84398-8)

Robert Bosch Stiftung (Hrsg.)
Gemeinsam für ein besseres Leben mit Demenz

Christian Petzold
Uwe Brucker
Kathrin Ohnsorge
Barbara Reisach
Beate Robertz-Grossmann
Traugott Roser
Christoph Schade

Hans-Ludwig Schreiber
Ruth Schwerdt
Armin Stelzig
Clemens Tesch-Römer
Helmut Wallrafen-Dreisow
Karin Wilkening

Ethik und Recht

Verlag Hans Huber

Lektorat: Dr. Klaus Reinhardt
Bearbeitung: Ulrike Boos
Herstellung: Peter E. Wüthrich
Umschlagillustration: Arne Holzwarth
Umschlag: Atelier Mühlberg, Basel
Druckvorstufe: Claudia Wild, Stuttgart
Druck und buchbinderische Verarbeitung: AZ Druck und Datentechnik, Kempten
Printed in Germany

Bibliographische Information der Deutschen Bibliothek
Die Deutsche Bibliothek verzeichnet diese Publikation in der Deutschen Nationalbibliographie; detaillierte
bibliographische Daten sind im Internet über http://dnb.ddb.de abrufbar.

Anregungen und Zuschriften bitte an:
Verlag Hans Huber
Hogrefe AG
Lektorat Medizin/Gesundheit
Länggass-Strasse 76
CH-3000 Bern 9
Tel: 0041 (0)31 300 4500
Fax: 0041 (0)31 300 4593
verlag@hanshuber.com
www.verlag-hanshuber.com

1. Auflage 2007
© 2007 by Verlag Hans Huber, Hogrefe AG, Bern
ISBN 978-3-456-84398-8

Vorwort der Robert Bosch Stiftung zur Reihe «Gemeinsam für ein besseres Leben mit Demenz»

Demenzerkrankungen stellen die Betroffenen und ihr Umfeld, die betreuenden Personen und das Gesundheitssystem vor besondere Probleme. Der fortschreitende Verlust der kognitiven Fähigkeiten erfordert spezifische Ansätze des Umgangs, der Unterstützung und der Begleitung. Die angesichts des demografischen Wandels wachsende Anzahl der Erkrankten erhöht den Handlungsbedarf, gute Konzepte in die breite Anwendung zu bringen und neue Wege der Begleitung einzuschlagen.

Auf diese Herausforderung reagierte die Robert Bosch Stiftung im Jahr 2004 mit der Initiative «Gemeinsam für ein besseres Leben mit Demenz». Sie setzte auf die Bündelung der vorhandenen Akteure und lud Vertreter aus Politik, Verwaltung und von Angehörigenorganisationen gemeinsam mit Wissenschaftlern und Praktikern aus Medizin, Pflege und anderen Disziplinen zur Mitarbeit in sieben Werkstätten ein. Durchsetzungschancen und die Nachhaltigkeit von bestehenden Aktivitäten sollten und sollen durch die Zusammenarbeit gestärkt und die übergreifende Netzwerkarbeit gestützt werden.

Die Themen der sieben Werkstätten, deren Berichte als Einzelbände in der Reihe «Gemeinsam für ein besseres Leben mit Demenz» erscheinen, wurden mit Hilfe von ausgewiesenen Experten ausgewählt. Die Kernfragestellungen setzen direkt bei den Menschen mit Demenz an und begleiten sie in ihrem Krankheitsverlauf:

- Wie können Demenzkranke frühzeitig aufgefangen werden?

- Wie werden die Fähigkeiten des Betroffenen so lange wie möglich erhalten?

- Wie kann die Unterstützung gemeinsam mit Angehörigen und Fachleuten gelingen?

- Wie begegnet man Demenzkranken?

- Wie können eine gute Wohngestaltung und Selbstständigkeit mit Technologie unterstützt werden?

- Wie wird für die richtige und ausreichende Ernährung gesorgt?

- Welche ethischen und rechtlichen Zusammenhänge stellen sich im Zusammenhang mit Demenz?

Die Mitglieder der Initiative haben gezeigt, dass eine übergreifende Zusammenarbeit möglich und fruchtbar ist. Sie haben sich entschlossen, mit der Gründung des Vereins «Aktion Demenz» das begonnene Netzwerk fortzusetzen und zu erweitern. Sie wollen weiterhin für ein besseres Leben mit Demenz eintreten, gemeinsam mit den Betroffenen, gemeinsam in ihrer Begleitung und gemeinsam in der Gesellschaft.

Wir hoffen, dass die Berichte eine gute Basis für die weitere Arbeit des Vereins bilden, und wir hoffen ebenfalls, dass durch das Aufzeigen von neuen Ansätzen, guten Beispielen und Handlungsempfehlungen für die Menschen mit Demenz und auch bei den vielen anderen Menschen, die täglich mit Demenzkranken umgehen, eine positive Wirkung entfaltet wird.

Robert Bosch Stiftung
Stuttgart, Oktober 2006

Inhalt

1 Einleitung

Christian Petzold und Ruth Schwerdt

«Wenn wir alle Lebensbereiche nur noch nach wirtschaftlichen Gesetzen formen, geraten wir in eine Sackgasse. Dadurch verfehlen und verpassen wir wesentliche Dinge im Leben [...] Heilen und Pflegen bedeutet mehr, als man in starren Pflegenormen ausdrücken kann [...] Eine Gesellschaft lebt von Flexibilität und Wagnis, von Neugier und Aufbruch [...]»

(Johannes Rau 2003)

«Ethische und rechtliche Bedingungen eines guten gemeinsamen Lebens mit Demenz» ist Thema dieses Kapitels, das zum einen durch die gegenwärtig engagiert geführte und zunehmend auch öffentliche Diskussion von ethischen Fragestellungen und Problemen zur Lebensbedingung von Menschen mit einer chronischen Krankheit angeregt wird. Häufig werden dabei – verstärkt durch eine intensive Berichterstattung in den Medien – Ängste ausgelöst, vor allem vor einem Missbrauch medizinischer Erkenntnisse und vor dem unkontrollierten Überschreiten ethischer Grenzen. So sind die schwierigen Fragen um die Selbstbestimmung schwerkranker Menschen und ihrer möglichen Beeinflussung und Manipulation durch die Interessen Dritter und durch den Zeitgeist in keiner Weise ausreichend geklärt. Die Allokation von Leistungen im Gesundheits- und Sozialsektor wird häufig unter ökonomischen Aspekten diskutiert und in Hinsicht auf Personengruppen problematisiert, die kostenintensive Leistungen benötigen. Die Diskussion über Kriterien zur Aufnahme und Begrenzung kurativer, rehabilitierender oder lebenserhaltender und Lebensqualität fördernder Maßnahmen wird auf eine wachsende Anzahl von Patienten bezogen, insbesondere hinsichtlich der interdisziplinären Betreuung in Spätphasen chronischer Krankheiten und am Lebensende. Dabei werden zunehmend auch Fragen der Versorgung von Menschen mit Demenz gestellt.

Zum anderen reißt seit Einführung der Pflegeversicherung die Debatte über die Adäquatheit der Leistungen für Menschen mit Demenz aus der sozialen Pflegeversicherung (SGB XI) nicht mehr ab. Während die konzeptionellen Begründer überzeugt waren, das Sozialversicherungssystem des deutschen Wohlfahrtstaates um eine Säule ergänzt zu haben, die gemäß dem veränderlichen Bedarf weiterentwickelt werden könnte, ist die öffentliche Auseinandersetzung über die Funktion und die Reichweite des SGB XI viel eher von deutlicher Kritik und dem Verweis auf Fehlentwicklungen geprägt. Dass die kritischen Stellungnahmen aus unterschiedlichen Handlungskontexten kommen, erklärt die enttäuschten Erwartungen: Sowohl professionelle und semiprofessionelle Gruppen als auch Verbraucherverbände, Selbsthilfegruppen und sozialpolitische Akteure sind beteiligt und nutzen die Medien zum Ausdruck dieser Kritik an dem neuen Leistungsmodell.

Weniger transparent und konsequent wurden die Voraussetzungen der Versorgungsdefizite im Management und in der Qualifikation auf den Ebenen der Makro- und Mesoallokation hinterfragt. Der Ruf nach einer Qualitätskontrolle der Versorgung von Menschen mit Pflegebedarf war oft stark eingeengt auf die Leistungsträger und die professionellen und institutionellen Leistungserbringer; die geringste Beachtung fand die Grundlage jeder formalen Qualitätskontrolle – der Wertekonsens über die Versorgung von Menschen mit unterschiedlichem Pflegebedarf, Ausmaß und Qualität. Dieser stillschweigende oder offene Konsens prägt die kontinuierlichen Aushandlungsprozesse über die Verteilung gesellschaftlicher Ressourcen zur gesundheitlichen und sozialen Versorgung hilfe- und pflegebedürftiger Menschen.

Die Beiträge dieses Kapitels greifen ausgewählte Aspekte der Auseinandersetzung mit Menschen mit Demenz auf. Wenn auch im gegebenen Rahmen nicht einmal annähernd die Erwartung erfüllt werden kann, alle relevanten Fragen eines so weitreichenden Themenkreises anzusprechen, so wird doch einigen grundlegenden und vielen konkreten Fragestellungen nachgegangen. Die Beiträge geben einen Eindruck von der Vielfalt der Perspektiven, aus denen ein gutes Leben mit Demenz gesehen werden kann. Sie erfüllen die Intention ihrer Verfasserinnen und Verfasser, wenn sie Verständigungszugänge eröffnen und den dringend nötigen öffentlichen und fachlichen Diskurs anfachen und fördern.

Einleitend stellt sich die Frage: Was ist ein gutes gemeinsames Leben mit Demenz? Die Gewohnheit, «das Gute» oder «das Schlechte» an einem Leben mit Demenz vorschnell zu bestimmen, wird problematisiert; es wird aber auch die Gewöhnlichkeit der Bedürfnisse von Personen mit Demenz herausgestrichen.

Es folgt auf grundlegender Analyseebene eine Diskussion über Begriffe, die in den westlichen Gesellschaften handlungsorientierende, kaum je im öffentlichen Leben in Frage gestellte, Werte bilden: Dass ein Mensch mit Demenz ganz überwiegend gesund ist, die Bedingtheit seiner Gesundheit weit weniger umfassend ist, als es in einem Etikett «die Dementen» oder «die Demenzkranken» zum Ausdruck kommt, ist eine seltene Auffassung. In diesem Abschnitt wird der salutogenetische Ansatz jedoch auch für Menschen in fortgeschrittenen Demenzprozessen geltend gemacht.

Anschließend wird der Leitwert «Autonomie» betrachtet. Menschen mit Demenz wird häufig die Fähigkeit zur Autonomie abgesprochen, wenn sie die rechtliche Geschäfts- und Einwilligungsfähigkeit verloren haben. Nicht erst in der aktuellen Sterbehilfedebatte wird die Partizipation der Betreffenden an ihrer Lebensgestaltung vernachlässigt. Das in diesem Abschnitt vorgeführte Argument betont die spezifische Autonomie des Augenblicks von Menschen mit Demenz, die auf einen sorgekulturellen Rahmen verwiesen ist, in dem sie wahrgenommen werden und sich entfalten kann. Bedürfnis- und bedarfsgerechte Sorge wird als Funktionsprinzip von Sozialität herausgestellt; der (idealtypisch wechselseitigen) Sorge bedürfen Menschen mit Demenz lediglich in höherem Ausmaß als Menschen ohne Demenz und/oder einer weiteren gesundheitlichen Einschränkung, die ihre Selbstständigkeit im Alltag eingrenzt.

Die ausgeprägte Vulnerabilität von Menschen mit Demenz bedingt ihre Angewiesenheit auf eine fördernde Sorge in einem ausgeprägten Machtverhältnis, das die Begegnung, Betreuung, Behandlung und Pflege prägt. Um dieses asymmetrische Verhältnis verantwortungsvoll gestalten zu können, sind Fähigkeiten zur ethischen Reflexion und moralisches Urteilsvermögen unabdingbar. Dieser Kompetenzaspekt wird in einem gestuften Qualifikationssystem – vom Betreffenden und seinen Bezugspersonen bis zum spezialisierten Case Management – aufgezeigt. Stellvertretend für eine Vielzahl vorhandener Instrumente, die eine Reflexions- und Unternehmenskultur anstoßen können, werden Instrumente zur ethischen und moralischen Reflexion und Entscheidungsfindung vorgestellt.

Jegliche formale pflegerische Versorgungsleistung findet in einem versicherungsrechtlichen Rahmen statt. Der folgende Beitrag belegt, dass die Leistungen aus dem SGB XI aufgrund des eingeschränkten Pflegebedürftigkeitsbegriffs und der Einstufungskriterien unzureichend auf die spezifische Bedarfslage von Menschen mit Demenz abgestimmt sind. Die Schnittstellen in der Versorgung erweisen sich zudem – wie der anschließende Beitrag erläutert – als Bruchstellen zwischen den Leistungen aus dem SGB V und XI, zwischen Rehabilitation und Pflege, Heim und Krankenhaus, professioneller und informeller Hilfe.

Ein Weg, um in den Phasen zunehmender Pflegebedürftigkeit ein möglichst hohes Maß an Selbstbestimmung zu sichern, liegt in der Abfassung von «Patientenverfügungen». Die aktuelle Diskussion dieser Option wird zunächst vor dem Hintergrund der aktuellen Rechtsprechung vorgestellt. Danach wird ein Einblick in den theologischen und ethisch-anthropologischen Diskurs über die Personkontinuität bzw. -diskontinuität von Menschen mit fortgeschrittener Demenz gegeben. Patientenverfügungen – wird argumentiert – «inszenieren» Kommunikation in Entscheidungsprozessen über die Aufnahme oder Beendigung von Therapieentscheidungen. Rollen und Inhalt werden vorherbestimmt, ohne den aktuellen Entscheidungskonflikt in seinen Situationsaspekten antizipieren zu können. Als Lösung wird vorgeschlagen, eine Vorsorgevollmacht zu geben, durch die – unterstützt durch eine Patientenverfügung und eine «Wertanamnese» – die Wünschbarkeit der zur Entscheidung stehenden aktuellen Optionen aus Sicht des Betreffenden erwogen werden kann.

Der letzte Beitrag behandelt Fragen zur Gestaltung des Lebensendes von Menschen mit Demenz. Die Bedeutung des vorausschauenden Planens für den Fall, dass Entscheidungen über Behandlungsoptionen in der letzten Lebensphase nicht mehr selbst getroffen werden können, wird betont, um frühzeitig sicherzustellen, dass sie gemäß eigenen Wertvorstellungen erfolgen. Weitere Kriterien neben einer eventuell vorliegenden Patientenverfügung, die im Prozess der Entscheidungsfindung zu beachten sind, werden zusammengestellt. Um die Würde und Autonomie sterbender Menschen mit Demenz und ihrer Angehörigen zu wahren, sind jedoch weitere Voraussetzungen nötig: Institutionelle und übergreifende Strukturen, die in ein «Netzwerk Abschiedskultur» münden.

2 Was ist ein gutes gemeinsames Leben mit Demenz?

Helmut Wallrafen-Dreisow und Armin Stelzig

Ein gutes gemeinsames Leben mit Demenz bedarf grundsätzlich erst einmal keiner anderen Bedingungen als ein Leben ohne Demenz.

Wann ist ein Leben gut? Woran wird dies gemessen? An welchen Werten? Eine allgemeingültige Definition des «guten Lebens» gibt es nicht. Sind Lebensqualität und gutes Leben gleich zu setzen? Sind die Kriterien für ein «gutes Leben» – zumindest innerhalb eines Kulturkreises – objektivierbar? Sind hier die Befriedigung von Bedürfnissen zu nennen, die Erreichung von Zielen, subjektives Glücksempfinden, um nur einige mögliche Werte zu nennen? Oder ist es vielmehr die Summe all dessen? Habe ich alles, damit ich gut leben kann? Welche Ressourcen brauche ich und über welche verfüge ich? Können Ressourcen unabhängig von Zielen betrachtet werden? Welche Werte bestimmen unsere Ziele? Gelingt es mir, meine Ressourcen so einzusetzen, dass ich meine Ziele erreiche? Und habe ich dann ein gutes Leben?

Die Definition eines guten Lebens eines bestimmten Individuums obliegt – sofern es nicht um Verantwortlichkeit gegenüber anderen geht – dem Individuum selbst und ist Ausdruck seiner Selbstbestimmung. Im Kontext von Demenz ist die Frage zu beantworten, wie Autonomie erhalten bleiben kann. Die Definition von Lebensqualität kann (und muss) im Unterschied dazu auch objektiv messbar sein (mit Berücksichtigung der subjektiven Einschätzung durch Individuen) und stellt auf das Vorhandensein wie auch immer gearteter Lebenschancen und -bedingungen ab.

Menschen mit Demenz brauchen einen Rahmen, in dem sie sich entwickeln können

Bei Menschen mit Demenz ändern sich die kognitiven Fähigkeiten. Sie können sich in fortgeschrittenen Phasen nicht mehr reflexiv in Beziehung zu sich und ihrer Umwelt setzen, entwickeln aber neue Formen der Weltvergegenwärtigung. Dazu gibt es die unterschiedlichsten Beispiele, die im Alltag mit demenziell erkrankten Menschen zu beobachten sind.

> Frau Schmitz wiederholt automatisierte Handlungsabläufe und streicht den Nachtisch über den Tisch oder «faltet» die Tischdecke. Herr Meier schlägt mit dem Kaffeelöffel gegen ein Glas, weil er als ehemaliger Fernsehtechniker immer noch löten muss. Frau Schulz schafft sich eine neue Struktur und läuft den immer selben Weg; oder sie muss permanent fragen: «Was soll ich tun?» Herr Müller ist auf der Suche und muss laufen. Frau Anders erzählt gern – immer die gleiche Geschichte. Herr Müller hat Angst und will immer Nähe. Frau Jansen teilt sich gerne mit und schreit.

Geht man von der Einzigartigkeit eines jeden Menschen aus, dann ist jede Ausdrucksform eines Menschen, auch die eines Menschen mit Demenz, sinnvoll und berechtigt. Das, was Personen, die sich verstandesmäßig ändern, äußern, ist weder pathologisch noch entwürdigend. Die Menschen müssen nicht prinzipiell behandelt, therapiert, gepflegt und erst recht vor sich selbst bewahrt werden. Medizinische und pflegerische Behandlungen sind nur in dem Maße erforderlich, wie seelisches und körperliches Leiden auftreten oder auftreten können, und sind darauf zu beschränken.

Der Mensch mit Demenz bewegt sich in seinem neuen Alltag. Er erkundet, er probiert, er wiederholt, er sucht, er freut sich, er hat Angst, er ist verzweifelt, er lacht und weint, er erschreckt sich, er versteckt sich, er zweifelt, er will sich mitteilen, er fordert, er verzeiht. *Er ist ein Mensch.*

Der Mensch, der sich vom Verstand fort entwickelt, lebt allerdings in einer Welt, die verstandesmäßig organisiert ist, die also nach den Regeln der Rationalität und Logik, der Plan- und Berechenbarkeit funktioniert. Menschen mit Demenz brechen oft unsere zivilisatorischen Regelungen und Normen; diese sind kulturell bedingt und unterliegen ebenso dem historischen Wandel. Wie viel Leben außerhalb dieses Rahmens können wir zulassen? Wir achten die Würde des Menschen mit Demenz, wenn es gelingt, ihnen in ihrer inneren Welt zu begegnen und Regelverletzungen – als Infragestellung kultureller Regeln – zu akzeptieren.

Der Begriff der Autonomie ist im Sinne der Aufklärung an die Vernunftbegabung gebunden und die daraus resultierende Fähigkeit des selbstbestimmten Lebens. Soll die Autonomie eines Menschen mit Demenz erhalten bleiben, so darf Fürsorge erst einsetzen, wenn (situative) Selbstbestimmung nicht mehr möglich ist. Worin besteht das Problem? Weiß der demenziell Erkrankte im Moment nicht, wohin sein Weg geht? Oder hat er ein Ziel und weiß es nicht umzusetzen? Um in dieser Welt bestehen zu können, ist er auf Begleiter angewiesen. Ihnen fällt die Aufgabe zu, die Interessen, Wünsche und Bedürfnisse, die der Mensch mit Demenz über Gefühle, Antriebe und Sinne ausdrückt, zu vertreten. In konkreten Situationen muss das heißen: Abwarten, Zeit lassen, versuchen zu verstehen, was der Mensch mit Demenz will. Fürsorglich handeln heißt, mit und für den Menschen zu handeln, so, als hätte er es selbst und eigenständig getan. Dies beinhaltet die Verpflichtung, als Wert fürsorglichen Handelns den Maßstab des Individuums anzulegen, ihn nach seinen Wertvorstellungen zu unterstützen und ihm die Nutzung seiner jetzigen Ressourcen zu ermöglichen.

Diese Interessensvertretung sollte die Bedürfnisse des demenziell Erkrankten gleichrangig mit den Menschen, die ihn umgeben, abstimmen. Dies bedeutet, dass die Ansprüche des Menschen mit Demenz womöglich nie ganz erfüllt werden – aber auch nie ganz unberücksichtigt bleiben. Der Begleiter muss einen Kompromiss suchen – unter Berücksichtigung der Bedürfnisse und Möglichkeiten. Autonomie und Selbstbestimmung sind begrenzt; sie sind Ziel.

Damit in einer Verstandeswelt überhaupt eine Gleichrangigkeit – jedenfalls partiell – hergestellt werden kann, ist es Aufgabe des Begleiters (wie der Gesellschaft insgesamt) einen Rahmen zu schaffen, innerhalb dessen sich die neuen Ausdrucksformen und Lebensweisen des Menschen mit Demenz entwickeln können, ohne dass sie als abweichendes oder krankhaftes Verhalten verhindert werden.

Es darf davon ausgegangen werden, dass Menschen mit Demenz gut in einem Wohn- und Lebensraum aufgehoben sind, der von einer Alltagsnormalität bestimmt ist, wie sie in Familien oder auch Wahlfamilien mit geglücktem und befriedigendem Zusammenleben stattfindet. Kranken- und Pflegehäuser, die sich an dem Leitbild Gesundung und Heilung orientieren, verhindern tendenziell Alltagsnormalität durch ihren institutionellen Charakter.

Alltägliches Leben birgt Risiken. Diese müssen teilweise in Kauf genommen werden. Denn Entwicklung kann nur geschehen, wenn Möglichkeiten – auch unverstandesmäßige – gefördert und nicht permanent verhindert und eingeschränkt werden. «Das Leben ist grundsätzlich lebensgefährlich», wusste schon Erich Kästner. Institutionen, die sich um alte Menschen kümmern, scheinen diese Aussage wortwörtlich zu nehmen. Dem Hammer wird alles zum Nagel. Dem Brandschutzbeauftragten brennt alles, dem Hygienebeauftragten ist nichts keimfrei genug, dem Sicherheitsbeauftragten steht alles im Weg oder birgt Gefahren und der Fürsorgliche sieht seinen Zögling ständig bedroht. Nicht Verhinderung und Sicherung, sondern Zulassen und Gewähren müssen den Alltag bestimmen. Denn wie lebenswert ist ein Leben, das so «beschützt» ist, dass der Schutz selbst es erstickt?

Das gemeinsame Handeln von Begleitern und Menschen mit Demenz sollte sich also an einer Alltagsnormalität mit allen Risiken ausrichten. Nichts spricht gegen Übertreibungen beim Essen und Trinken. Nichts ist gegen Verletzungen einzuwenden – sie geschehen genauso, wie Unwohlsein und Unpässlichkeiten auftauchen. Und es ist nichts gegen Streitigkeiten und Auseinandersetzungen einzuwenden, solange sie auf der Ebene zweier gleichrangig miteinander umgehender Menschen geschehen. Kränkungen gehören ebenso zum Leben wie seelisches Leid. Unversehrtheit und Glück sind nicht immer zu erreichen und unser Wirken als Begleiter ist begrenzt; auch dies muss gesehen werden.

Für ein gemeinsames Leben mit Menschen mit Demenz gibt es keine klaren Handlungsvorgaben. Die Förderung einer Entwicklung vom Verstande weg ist unserem von der Tradition der Aufklärung bestimmten Denken fremd. Aber: «Der Kopf ist rund, damit das Denken die Richtung ändern kann!» (Francis Picabia).

Es muss abgewogen werden, was im Zusammenleben mit einem demenziell erkrankten Menschen jeweils angemessenes, richtiges und gutes Handeln ist. Eine grundsätzliche Festlegung jedoch, ob Menschen mit Demenz als Kranke oder als Menschen mit einer besonderen Entwicklung anzusehen sind, kann getroffen werden. Eine Entscheidung für das Subjekt – für eine Sicht vom Menschen in seiner Einzigartigkeit und seinem Eigensinn – wäre für viele Begleiter eine hilfreiche Unterstützung, wenn sie im Einzelfall und in bestimmten Situationen handeln müssen.

Dann ist Selbstbestimmung und ein Leben in Würde möglich. Der im Grundgesetz verankerte Schutz der Würde des Menschen gilt uneingeschränkt für «jedes menschliche Wesen, unabhängig von seinem Entwicklungsstand, seiner Leistungsfähigkeit und seiner subjektiven und objektiven Zuständlichkeit [...].» Ist Autonomie eingeschränkt, die Fähigkeit zur Selbstbestimmung nur noch bedingt lebbar, so ist doch diesen Menschen Würde inne. Sie können sie nur verlieren, wenn sie ihnen genommen wird.

3 Kritik normativer Grundbegriffe als Orientierungswerte für ein besseres Leben mit Demenz

3.1 Prolegomena zum Leitwert «Gesundheit»

Beate Robertz-Grossmann

Der Leitwert «Gesundheit» im Hinblick auf Demenz – begrifflich-konzeptionelle Skizze

Entscheidungen über die Bedeutung von Gesundheit und Krankheit haben unmittelbare und nachhaltige Konsequenzen für das Alltagsleben und die Verteilung großer Anteile an sozialen Ressourcen. Daher ist die Analyse des Gesundheits- und Krankheitskonzepts nicht lediglich eine intellektuelle Gedankenübung. Wie wir diese Begriffe definieren, hat sehr greifbare rechtliche, soziale und ökonomische Konsequenzen.[1] Hier wird vorgeschlagen, sich am Konzept der «Gesundheitsförderung» zu orientieren. Gesundheitsförderung ist eine Strategie, die 1986 anlässlich der 1. Internationalen Konferenz zur Gesundheitsförderung in Ottawa vorgestellt, als offizielles Präventionsprogramm und -paradigma verabschiedet wurde, seitdem eine besondere Bedeutung erlangt hat und auf dem Konzept der «Salutogenese» von Antonovsky basiert. Danach schließen sich Gesundheit und Krankheit nicht aus, sondern sind die jeweiligen Endpunkte eines Kontinuums. Mithilfe der Vorstellung eines Kontinuums, auf dem sich jeder Mensch bewegt und sich in Abhängigkeit von der eingeschlagenen Richtung einem der Endpunkte nähert, wird die Trennung und Unterscheidung von

---

1 Caplan 1997, S. 57

«gesund» und «krank» abgelöst. Gesundheit und Krankheit stellen danach Richtungsvorgaben dar, denen sich der Mensch nähert oder von denen er sich entfernt. *Selbst wenn der Mensch krank ist, ist er, solange er lebt, nicht vollständig krank, sondern andere Anteile in ihm sind gesund und erfüllen ihre Funktion zur Aufrechterhaltung des Lebens.* Die Merkmale «Ganzheitlichkeit», «Mehrdimensionalität», «Gesundheits-Krankheits-Kontinuum» (positive Ausrichtung) und «Prozesscharakter» bestimmen die derzeitige Auffassung von Gesundheit und bilden die Grundlage für die Arbeit im Bereich der Gesundheitsförderung.

Es geht also in diesem Konzept ganz dezidiert um die Stärkung und Vermehrung von gesundheitsdienlichen Ressourcen – wie zum Beispiel Selbstbewusstsein, Information, Bildung, Einkommen, angemessene Partizipation, Verhaltensspielräume, Unterstützung durch soziale Netzwerke – der Individuen bzw. unterschiedlicher Zielgruppen. Dadurch sollen die physischen und/oder psychischen Bewältigungsmöglichkeiten erhöht, die individuellen Handlungsspielräume zur Überwindung gesundheitlich belastenden Verhaltens vergrößert und/oder die Handlungskompetenz für die Veränderung von Strukturen, die die Gesundheit direkt belasten oder gesundheitsschädliches Verhalten begünstigen, entwickelt werden. Als Grundsätze der Gesundheitsförderung lassen sich formulieren: Gesundheitsförderung umfasst die gesamte Bevölkerung in ihren alltäglichen Lebenszusammenhängen und nicht ausschließlich spezifische Risikogruppen. Gesundheitsförderung zielt darauf ab, die Bedingungen und Ursachen von Gesundheit zu beeinflussen. Gesundheitsförderung verbindet unterschiedliche, einander ergänzende Maßnahmen oder Ansätze, einschließlich zum Beispiel Bildung, organisatorische Regelungen, gemeindeorientierte Veränderungen sowie spontane Schritte gegen Gesundheitsgefährdungen. Gesundheitsförderung bemüht sich besonders um Mitwirkung und Mitbestimmung der Bürgerinnen und Bürger und um eine Beteiligung der Öffentlichkeit. Gesundheitsförderung ist in erster Linie eine gesellschaftliche und politische Aufgabe und keine medizinische Dienstleistung. Gesundheitsförderung will damit nicht nur individuelle Lebens- und Handlungsfähigkeiten beeinflussen und Menschen zur Verbesserung ihrer Gesundheit befähigen, sondern zielt darüber hinaus auch auf ökonomische, soziale, ökologische und kulturelle Faktoren und auf die politische Intervention zur Beeinflussung dieser gesundheitsrelevanten Umstände. Die gesundheitspolitische Intervention soll die Handlungs- und Wahlmöglichkeiten der Individuen erweitern.[2]

---

2 Nach der Ottawa-Charta der WHO (1986) «zielt Gesundheitsförderung auf einen Prozess, allen Menschen ein höheres Maß an Selbstbestimmung über ihre Gesundheit zu ermöglichen, und sie damit zur Stärkung ihrer Gesundheit zu befähigen. Um ein umfassendes körperliches, seelisches und soziales Wohlbefinden zu erlangen, ist es notwendig, dass sowohl Einzelne als auch Gruppen ihre Bedürfnisse befriedigen, ihre Wünsche und Hoffnungen wahrnehmen und verwirklichen sowie ihre Umwelt meistern bzw. sie verändern können. In

Dieser Aspekt der *Ressourcensteigerung* strahlt in alle Bereiche der Gesundheitsversorgung und in alle Politikbereiche aus und ist von seinem Anspruch her ein die gesamte Gesellschaft betreffender Ansatz.

Die *Ottawa-Charta* formuliert drei Handlungsstrategien und fünf Handlungsfelder. Die Handlungsstrategien sind: Anwaltschaft für Gesundheit, Befähigen und Ermöglichen, Vermitteln und Vernetzen. Als prioritäre Handlungsfelder werden benannt: Entwicklung einer gesundheitsfördernden Gesamtpolitik, Schaffen gesundheitsfördernder Lebenswelten, Unterstützung gesundheitsbezogener Gemeinschaftsaktionen, Entwicklung persönlicher Kompetenzen und Neuorientierung der Gesundheitsdienste. Das Handlungskonzept ist damit gekennzeichnet durch «die Orientierung an Gesundheit: Sie ist ein konzeptioneller historischer Wendepunkt und grundlegend für das Handlungskonzept Gesundheitsförderung. Die Umorientierung von der Verhütung von Krankheiten zur Förderung von Gesundheit und zu der Frage, wo und wie Gesundheit hergestellt wird [...], wird auch als Paradigmenwechsel bezeichnet. Dieser salutogenetische Ansatz bedingt auch eine Orientierung an Kompetenzen, Schutzfaktoren und Ressourcen (statt an Risiken und Defiziten wie in der Prävention von Krankheiten); ein Verständnis von Gesundheit als Kompetenz zur selbstbestimmten Lebensgestaltung und -bewältigung, Gesundheitsförderung auf der Ebene des Individuums als Stärkung, Befähigung und Kompetenzerweiterung; ein sozial-ökologisches Verständnis von Gesundheit und die Gesundheit beeinflussenden Faktoren, daraus folgend: eine starke Orientierung auf die politische Gestaltung der gesundheitsrelevanten Faktoren und Bedingungen (im Sinne von Bedingungs- und Strukturgestaltung) und eine starke Betonung der Notwendigkeit intersektoraler Zusammenarbeit auch und gerade von und mit Sektoren außerhalb des Gesundheitswesens. Wesentliche Elemente und Prinzipien von Gesundheitsförderung sind: Lebenswelt- und Alltagsorientierung; Gemeinwesenorientierung [...]; Beachtung gesundheitlicher Chancengleichheit; Partizipation, das heißt Teilhabe aller Betroffenen und Beteiligten; Unterstützung von Selbsthilfeaktivitäten; Prozesscharakter der Gesundheitsförderung.» (BZgA 2003, S. 47).

«Gesundheitsförderung» verfolgt also das Ziel der nachhaltigen *Unterstützung und Optimierung der Gesundheit sowie der Verbesserung der Lebensqualität* von Individuen und orientiert sich an folgenden *Grundsätzen*:

---

diesem Sinne ist die Gesundheit als ein wesentlicher Bestandteil des alltäglichen Lebens zu verstehen. Gesundheit steht für ein positives Konzept, das die Bedeutung sozialer und individueller Ressourcen für die Gesundheit ebenso betont wie die körperlichen Fähigkeiten. Die Verantwortung für Gesundheitsförderung liegt deshalb nicht nur bei dem Gesundheitssektor, sondern bei allen Politikbereichen und zielt über die Entwicklung gesünderer Lebensweisen hinaus auf die Förderung von umfassendem Wohlbefinden.» (Franzkowiak et al., S. 96).

- Partizipation (aktive Beteiligung der Zielgruppe)

- Empowerment (Befähigung zu selbstbestimmtem Handeln)

- Protektivfaktoren (Aufbau und Stärkung von persönlichen und umweltbezogenen Gesundheitsressourcen)

- Ganzheitlichkeit (Berücksichtigung von individuellen, persönlichen Verhaltensweisen und gesellschaftlichen Verhältnissen)

- Settingansatz (Menschen in ihren alltäglichen Lebenswelten berücksichtigen)

- Vernetzung, Transfer, Nachhaltigkeit (Zusammenarbeit auf verschiedenen Ebenen, Übertragbarkeit der Maßnahme in den Alltag der Zielperson sowie Erfüllung der Vorbildfunktion und Ausweisung guter Praxisbeispiele, sinnvolles Vorgehen in Anbetracht zukünftiger Entwicklungen, kontinuierliche Wirksamkeit bzw. strukturelle Verfestigung).

Weil das Konzept der Gesundheitsförderung auf dem salutogenetischen Paradigma basiert und damit die Trennung und Unterscheidung von «gesund» und «krank» vermeidet, schließt es auch die Personen ein, bei denen bereits eine Erkrankung eingetreten ist und/oder deren individuelle Funktionen eingeschränkt sind. Auch hier geht es darum, Potenziale zu nutzen, zu erhalten und zu stärken. Es geht um ein Mehr an Gesundheit – und sei es an *relativer, bedingter Gesundheit* – sowie um eine Verzögerung bzw. Verlangsamung von Abbauerscheinungen derselben. Prinzipiell ist damit «*Gesundheitsförderung*» (notabene: auch der diesem Konzept zu Grunde liegende Begriff von «Gesundheit») auch ein *geeignetes Konzept für an Demenz Erkrankte.*

Selbstverständlich verbindet sich mit der Präferierung des Gesundheitsförderungs-Konzeptes nicht die naive Annahme, hiermit seien bereits die sich im Zusammenhang mit «Demenz» stellenden normativen, evaluativen und gerechtigkeitsethischen Fragen auch nur ansatzweise gelöst. «Gesundheit» ist eben nicht der archimedische Punkt außerhalb der Gesellschaft, der uns Sicherheit geben könnte, wie sich moralrelevante und gerechtigkeitsethische Fragestellungen entscheiden ließen. Dazu ist der Begriff semantisch viel zu offen. So ist mit der Präferierung des Konzepts der Gesundheitsförderung zum Beispiel noch nichts Genaues über den Charakter und Inhalt des Anspruchs und das Ausmaß von Versorgungsleistungen ausgesagt. Und selbstverständlich muss man auch festlegen, was insbesondere Partizipation und Empowerment – beides «Kernbegriffe» der Gesundheitsförderung – für Demenzkranke in den jeweiligen Stadien ihrer Krankheit bedeuten können. Es stellt sich daher die Aufgabe, unsere normativen Vorstellungen im Hinblick auf die faktische Versorgungssituation zu konkretisieren und von daher die semantische Offenheit des Gesundheitsbegriffs zu verringern. Insbesondere muss mit Blick auf demenziell Erkrankte eine rationalistische Verengung des Gesundheitsbegriffs vermieden werden, wenn man die Leitwerte «Gesundheit» und «Autonomie» sinnvoll aufeinander beziehen möchte.

Schlussfolgerung

Berücksichtigt man dies, so kann am oben skizzierten *Konzept von Gesundheitsförderung* festgehalten werden: Es bietet den Vorteil, «Gesundheit» und «Krankheit» als anthropologische Grundphänomene der menschlichen Existenz begrifflich aufeinander zu beziehen und die sozialen Einflüsse zu thematisieren, die erwiesenermaßen maßgeblich zum Gesundheitszustand, zum Glücks- und Wohlbefinden des Individuums beitragen. Den Krankheiten werden die Gesundheitschancen zur Seite gestellt. Es liegt auf der Hand, dass eine Handlungsorientierung am o. g. ausgeführten Verständnis von Gesundheit eher *vor einem therapeutischen Nihilismus schützt und gut geeignet ist, sowohl die bereits heute vorhandenen Präventions- und Therapieoptionen zu nutzen,* statt sie zu negieren, als auch ein Signal zu setzen, dass sich Forschungsinvestitionen lohnen, um in Zukunft Demenz effektiver zu vermeiden.

Konsequenzen für die Politik

Bei der Umsetzung der Ziele der Gesundheitsförderung ist die *Politik in besonderem Maße* gefordert. Von ihr wird die Entwicklung einer gesundheitsfördernden Gesamtpolitik erwartet, die Gesundheitsbelange zum Ziel möglichst vieler Politikbereiche erklärt und Gesundheitsförderung als eine Aufgabe des Wohlfahrtsstaates betrachtet. Die Politik wird damit zu einem der wichtigsten Implementationsträger der Gesundheitsförderungsprogrammatik – und das schon allein deshalb, weil ein Großteil der gesundheits- und krankheitsrelevanten Faktoren einer Gesellschaft nur kollektiv und nicht individuell zu beeinflussen ist. Welchen Beitrag kann also die Politik mit Blick auf Demenz tun? Was kann sie dazu beitragen, dass die (psychischen) Ressourcen so gestärkt werden, dass sowohl Betroffenen als auch Angehörigen der Umgang mit der Erkrankung erleichtert wird?

Auf der hier geforderten Ebene der normativen Erörterung von «Gesundheit» lässt sich dazu nur so viel sagen: Die Politik muss die *Rahmenbedingungen* so gestalten, dass verbesserte Prävention, Früherkennung, Behandlung und Pflege möglich sind. So werden allgemein als Ansatzpunkte, die die Rahmenbedingungen für Prävention und Gesundheitsförderung verbessern, genannt:

- Verbesserung der finanziellen Ressourcen für Prävention
- mehr Ziel- und Zielgruppenorientierung
- mehr Koordinierung und Kooperation
- mehr Qualitätssicherung.

Was dies bezogen auf Demenz im Einzelnen bedeutet, muss von den jeweiligen Experten und Expertinnen konkret benannt und über professionelle Lobby- und Öffentlichkeitsarbeit an die Entscheider und Entscheiderinnen im politischen System herangetragen werden.

3.2 Autonomie als grundlegendes Werteprinzip

Ruth Schwerdt

In der Bundesrepublik Deutschland stellt die Freiheit des einzelnen Bürgers und der einzelnen Bürgerin zur Entfaltung seiner bzw. ihrer Persönlichkeit das wichtigste im Grundgesetz verankerte Recht dar. Gesellschaftshistorisch geht dieses Recht auf die Wurzeln der modernen Wissenschaft in der Aufklärung und der modernen Staatlichkeit infolge der Bürgerrechtsbewegungen – zum Beispiel in der Französischen Revolution – zurück.

Autonomie ist essenzieller Ausdruck der Freiheit der Einzelnen, die Gesetze des eigenen Handelns in Übereinstimmung mit sittlichen Grundsätzen selbstständig zu bestimmen. Ihre Moralität basiert auf dem Universalisierungsprinzip der Würde und Rechte (im Kategorischen Imperativ nach Immanuel Kant). Moralische Konsensfindung integriert daher gedankenexperimentell oder partizipativ die Interessen aller Beteiligten oder Betroffenen einer Entscheidung.

Die folgenden Ausführungen zeichnen den philosophischen Diskurs um das Verhältnis von Autonomie und Sozialität bzw. Sorge nach, der im letzten Drittel des vorigen Jahrhunderts geführt wurde. Autonomie gilt nach wie vor als handlungsorientierender Leitwert; der komplementäre Leitwert der Sorge wird weniger postuliert. Dessen grundlegende Bedeutung wird am Beispiel der Charta der Rechte hilfe- und pflegebedürftiger Menschen aufgezeigt, deren Geltungsanspruch erst in einer Kultur Fuß fassen kann, die die Rechte einzelner hilfebedürftiger Bürgerinnen und Bürger als die eigenen achtet. Wird Autonomie und Sozialität bzw. Sorge als Kontinuum und komplexes Verhältnis verstanden, wird die Autonomie gerade derjenigen zur Aufgabe, die in hohem Maße abhängig sind von der Unterstützung und Hilfe anderer. Dieses Argument wird am Beispiel von Personen mit Demenz konkretisiert.

Die Begriffsdiskussion zur Autonomie

Die Geschichte des Autonomiebegriffs zeigt seine anhaltende Bedeutung in der Rechtsprechung, in der politischen Diskussion und in der öffentlichen Diskussion des Umgangs mit Schwer- und chronisch Kranken, Pflegebedürftigen und Sterbenden an. Sie zeigt auch die anhaltende Streitbarkeit des Begriffs, die die Konzepte, Ausprägungen und Bedingungen von Autonomie betrifft.

Im Kontext des emanzipatorischen Aufbruchs in den Bürgerbewegungen entstand der politische Begriff der Autonomie als Forderung negativer Freiheit von der Bevormundung durch Staat und Kirche. Der industrielle und technologische Aufschwung brachte die Trennung des öffentlichen Raums vom privaten Raum mit sich. Der private Raum und die Privatsphäre der Person sollten vor Einmischung von außen bewahrt werden.

Im vorigen Jahrhundert wurde das negative Verständnis von Freiheit und Autonomie einer vielfältigen Kritik unterzogen, die zunächst – als Reaktion auf die Erfolge der Naturwissenschaften – eine Revision anthropologischer Überzeugungen verlangte, in denen menschliche Spezifika neu bestimmt und das Leib-Seele-Problem aktualisiert wurden. Dieser Diskurs ist noch heute in der Diskussion des Axioms der Freiheit des Willens vor dem Hintergrund neuer Ergebnisse der Hirnforschung aktuell.

Eine bemerkenswerte Argumentation für einen menschlichen Modus von Freiheit stellte Hans Jonas in seiner «philosophischen Biologie» (1994) auf: Er schreibt das Prinzip der Freiheit bereits einfachsten Lebewesen zu, da bereits im Stoffwechsel ein Verhältnis zur Umgebung konstituiert sei. Mit der Evolution der Lebensformen steigere sich die «Freiheit zum Stoffe», und mit dem Grad der Freiheit der Grad der Bedürftigkeit. Im Menschen finde beides – Freiheit und Bedürftigkeit – seine höchste Ausprägung. Zugleich finde die Freiheit des Menschen zu einem spezifischen Ausdruck in der «Macht», Wissen um die Bedürftigkeit gegenwärtig oder zukünftig lebender Menschen und Mitleid mit ihnen zur Verantwortung als «Pflicht der Macht» zu verbinden. Moralität erscheint hier nicht ausschließlich als rational, sondern auch als emotional begründete Entscheidung für gutes oder böses Handeln, das in jedem Fall die Bedürftigkeit der gegenwärtigen und/oder zukünftigen Menschen (positiv durch Abwendung von Notlagen oder negativ durch Unterlassen) beeinflusst. Moralische Freiheit wird von Jonas also untrennbar von der Bedürftigkeit gedacht, die Menschen aufweisen, deren Überleben und gutes Leben von einer günstigen – nämlich verantwortungsvollen – Ausübung dieser Macht abhängt. Zugleich erscheint die «Pflicht der Macht» als eine Bedürftigkeit derjenigen, die diese Freiheit haben, sie verantwortungsvoll oder im Gegenteil gleichgültig gegenüber den Interessen der von dieser Macht beeinflussten Menschen auszuüben.

Das Ideal der Autonomie, das im erwachsenen, gesunden, in männlich geprägten Handlungswelten agierenden Subjekt eine Orientierungsnorm findet, die Jean-Jacques Rousseau in «Les Confessions» (1782) im Bild des solipsistischen, sich selbst genügenden und sich selbst zum Maß der Anderen erhebenden Individuums überzeichnet, wurde im letzten Drittel des vorigen Jahrhunderts erkenntnistheoretisch und ethisch in Frage gestellt: Der Bias der Verzerrtheit und Fragmentarität dieses engen Blickwinkels wurde zum Beispiel durch die Konfrontation mit eher den Frauen vorbehaltenen Lebenswelten der Familienarbeit und des privaten Raums offen gelegt. Vielfältige Formen der Abhängigkeit und Sorge wurden sichtbar gemacht, beispielsweise das Erziehen von Kindern und das Pflegen kranker, alter oder behinderter Angehöriger.

Abhängigkeit wurde nicht nur als Kennzeichen bestimmter Entwicklungsphasen in der Lebensspanne hervorgehoben, sondern als konstituierendes Merkmal menschlichen Lebens beschrieben. Autonomie erscheint nicht mehr nur als Bedingung und Gegenstand von Verhaltensverträgen, die – nach Thomas Hobbes (Elementa philosophiae: De cive 1642) – wenigstens den Verzicht auf die Tötung anderer Menschen im ansonsten ungehemmten «Krieg aller gegen alle» beinhalten oder – nach Rousseau – die Selbstverpflichtung auf den Gehorsam gegenüber dem selbst anerkannten Gesetz im «Gesellschaftsvertrag» (Du contrat social 1762). Die Autonomie eines jeden Individuums wird als «Produkt» von Sorge und Sorgeerfahrung konzipiert; Sorge in passiver und aktiver Ausprägung erscheint als Bedingung für Autonomie (z. B. Benhabib 1989). Überdies wurde auf die Begrenztheit des Kriteriums «Vertragsfähigkeit» im Hinblick zum Beispiel auf Kinder und Kranke verwiesen. Auch dieser Diskurs wurde vielfach wiederholt, beispielsweise in der Diskussion der Anwendbarkeit des Kundenbegriffs auf vulnerable, abhängige Personengruppen, zum Beispiel Menschen in gesundheitlichen Krisen, mit chronischer schwerer Krankheit oder schwerer Behinderung mit hohem Hilfe- und Pflegebedarf.

Die politische Philosophie des Kommunitarismus verstärkte diese Kritik an dem *Ideal souveräner Autonomie*: Dem Anspruch rationaler Neutralität im Denken und Urteilen wurde die komplexe, geschichtliche (biografische, historische) und soziale Kontextualität und Situiertheit individuellen und gemeinschaftlichen menschlichen Daseins gegenüber gestellt. Personen seien nicht etwa «punktförmige Selbste» (unbeeinflusst durch ihre Geschichte und unabhängig von ihren sozialen Beziehungen), die Objektivität im Denken und Urteilen – abstrahiert von persönlichen Interessen und Gefühlen – beanspruchen könnten. Sie seien vielmehr «erzählte Selbste» (Taylor 1985, 1992, 1994, 1995; MacIntyre 1995). Erst der geschichtliche und soziale Kontext eines Individuums, der von ihm selbst «erzählt» wird, konstituiere die Identität als Person. Identität wird durch «Erzählen» gestiftet. Sie beruht also auf einem dialogischen Prozess.

Eine bedeutsame Wirkung sowohl der feministischen als auch der kommunitaristischen Begriffskritik der Autonomie bestand in der Rehabilitation des Leibes und von Macht- und Abhängigkeitsverhältnissen als Gegenstand und Rahmenbedingungen des philosophischen Diskurses (MacIntyre 2001). Der Respekt vor dem konkreten Anderen (Benhabib 1995a, 1995b) gerade in asymmetrischen Verhältnissen, unter Bedingungen eingeschränkter Reziprozität, wurde als unbedingt erforderliche Bedingung guter moralischer Konsensfindung unterstrichen. Die aktive Einbeziehung von Subjekten, die aufgrund ihres Entwicklungsstands und eingeschränkter körperlicher oder psychischer Verfasstheit ihre Interessen nicht ohne Rücksicht und Hilfe geltend machen können, wurde postuliert. Statt Entscheidungen, deren Folgen auch Menschen mit diesen konstitutiven und kommunikativen Einschränkungen betreffen, ohne ihre Beteiligung zu treffen, wurde ihre direkte Beteiligung und Partizipation gefordert.

Autonomie erweist sich in diesem Diskurs als ein abhängiges Prinzip: Erst das *Zuhören* (Respekt, Zuwendung, Empathie, Teilnahme), ermöglicht Identität als Narrativ; tätige Unterstützung und Förderung ermöglicht die Entwicklung und Erhaltung von Autonomie. Autonomie und Sozialität stehen nicht in einem antagonistischen, sondern in einem sich wechselseitig bedingenden Verhältnis.

Autonomie und Sorge im Kontext der Charta der Rechte hilfe- und pflegebedürftiger Menschen

Die Abhängigkeit des moralischen Prinzips der Autonomie lässt sich in Bezug auf die *Menschenrechte* zeigen. Ihr universalisierender Geltungsanspruch setzt die Geltung starker Güter voraus: Die Gleichheit des Rechts auf Autonomie erfordert zunächst die Definition des Kreises der Rechtsträgerinnen und -träger, die Erweisung des Respekts gegenüber allen Menschen, die definitorisch einbezogen sind und die ausdrückliche Erklärung ihrer Teilhabe an der Gemeinschaft derjenigen, die dieses Recht tragen sollen. Ohne diesen Rekurs auf die Menschenwürde ist die Zuerkennung von Rechten nicht möglich. Entsprechend ist die Unantastbarkeit der Menschenwürde im Grundgesetz der Bundesrepublik Deutschland auch nicht selbst als Recht formuliert, sondern stellt die Voraussetzung dafür dar, dass es gleiche Grundrechte geben kann. Der Achtungsanspruch der Menschenwürde wiederum setzt ein dialogisches Hinwenden voraus, die Anerkennung des angesprochenen Menschen als Person.

Auch an der *Charta der Rechte hilfe- und pflegebedürftiger Menschen* (Deutsches Zentrum für Altersfragen, Berlin, Geschäftsstelle Runder Tisch Pflege 2005) wird die Abhängigkeit des Rechts auf Autonomie (und aller weiteren darauf basierenden Rechte) evident: Die Forderung und Erfüllung der Rechte von Menschen, die auf die Hilfe und Pflege durch fremde Menschen angewiesen sind, besteht nicht unvermittelt, sondern beruht auf folgenden Voraussetzungen:

- Wahrnehmung des Hilfe- und Pflegebedarfs in seiner Art, Breite und Ausprägung (Pflicht des Wissens und Pflicht des Gefühls nach Hans Jonas).

- Respekt vor Menschen, die hilfe- und pflegeabhängig sind, von Seiten derer, die in der Lage sind, diese Hilfe und Pflege zu ermöglichen oder zu geben.

- Zuerkennung des gleichen Rechts auf Erfüllung der Interessen hilfeabhängiger Menschen wie von Menschen, die zur Erfüllung ihrer Interessen weniger auf Hilfe angewiesen sind.

- Anerkennung des Handlungsappells, einschließlich der Bereitstellung gemeinschaftlicher und persönlicher räumlicher, zeitlicher, finanzieller, personeller Ressourcen und Akzeptanz der dazu notwendigen Einschränkung eigener gemeinschaftlicher und persönlicher Interessen.

- Ziehen aktiver Konsequenzen im advokatorischen Eintreten für die Rechte hilfe- und pflegeabhängiger Menschen und in der Förderung ihrer Möglichkeiten, die eigenen Rechte selbst geltend zu machen.

- Partizipative Bestimmung des Qualitätsniveaus der Hilfe und Pflege in der Revision der Priorisierung gemeinschaftlicher und persönlicher Interessen.

Gerade in Bezug auf das Recht auf Autonomie von hilfe- und pflegebedürftigen Menschen zeigt sich, dass das Reziprozitätsprinzip als Begründungsrahmen für Autonomie nicht ausreicht. Ein an Vertragsfähigkeit allein gebundener Gleichheitsanspruch des Autonomierechts würde stets diejenigen von Entscheidungen Betroffenen ausgrenzen, deren Vertragsfähigkeit zur Beteiligung an der Entscheidung aktuell (z. B. durch Abwesenheit, Krankheit, Angst, Schmerzen, Krisenerfahrung) oder dauerhaft eingeschränkt ist. Sie können ihre Rechte nur in sehr eingeschränktem Maß aktiv verteidigen oder einklagen. Ihre Partizipation hängt vielmehr von ihrer nicht nur advokatorischen, sondern ihrer direkten, dialogischen, sorgenden Einbeziehung ab. Die aktuelle Einschränkung in den Voraussetzungen ihrer Autonomie erfordert, dass diejenigen, die die Rahmenbedingungen für die Erfüllung des Hilfe- und Pflegebedarfs setzen, die Kontinuität der Lebensgeschichte und das soziale Netzwerk einbeziehen, wenn eine identitätsgerechte, also Würde wahrende Hilfe geleistet werden soll. Dabei ist nicht nur der Zeitraum zu berücksichtigen, der der aktuellen Einschränkung vorausgegangen ist (z. B. durch *advance care directives*; siehe Kapitel 9 «Gestaltungsmöglichkeiten am Lebensende»), sondern auch die aktuelle Befindlichkeit. Bei schwerer Krankheit und komplexem Pflegebedarf steigt mit dem Grad und Ausmaß der Einschränkung die Angewiesenheit auf die Bereitschaft und Fähigkeit zur Zuwendung, um aktuelle Bedürfnisse zu erkennen und ihnen zum Ausdruck zu verhelfen. Mit der Qualifikation der mit der Hilfe und Pflege Beauftragten steigt die Chance der Ausübung des Rechts auf Autonomie!

Die *berufliche Pflege* hat viele Klienten, die ihre Bedürfnisse noch nicht oder nicht mehr oder niemals artikulieren können und daher schon im Ausdruck ihrer Interessen Unterstützung benötigen. Oft ist sogar eine Antizipation von Bedürfnissen nötig, die auch nicht immer rückwirkend legitimiert werden kann. Neben Frühgeborenen, schwerstbehinderten Kindern, Jugendlichen und Erwachsenen, Menschen im Wachkoma, chronisch Schwerkranken und Sterbenden gehören auch Menschen in fortgeschrittenen Demenzprozessen zu dieser Klientel.

Sie benötigen eine entwickelte Sorge, die – im Sinne des Verantwortungsbegriffs von Hans Jonas – einerseits auf Wissen über die spezifischen Einschränkungen und die individuellen Bedürfnisse, andererseits auf der Fähigkeit zum Mitfühlen beruht, damit sie – biblisch gesprochen – ein «Leben in Fülle haben» können, in dem sie ihre Persönlichkeit entfalten und weiterentwickeln können.

Aufgrund der Konfrontation der Pflege mit vulnerablen Klienten mit häufig langfristigen Pflegeverläufen konzentrierte sich die Theoriebildung der Pflegewissenschaft zuerst auf die Qualität der Interaktion. Die erste in den 1940er-Jahren entwickelte Pflegetheorie von Madeleine Leininger (1998) und die 1952 den Selbstverständigungsdiskurs eröffnende Pflegetheorie von Hildegard Peplau (1997) stellten die Sorge in den Mittelpunkt pflegerischen Handelns. Ihrem Verständnis nach kann Pflege nicht durch Einzelmaßnahmen, sondern erst im Kontext von Sorge erfolgreich sein, also zu Autonomie und Wohlbefinden bzw. Lebensqualität beitragen, sie erhalten oder wiederherstellen und ihrem Verlust vorbeugen. Professionelle Pflege wird in diesem Verständnis als Variation eines grundlegenden, allgemeinen, wechselseitigen Sorgeverhältnisses in gelingender Gemeinschaft konzipiert (z. B. Benner/Wrubel 1997).

Bei Pflegebedürftigkeit während schwerer gesundheitlicher Krisen sind die körperlichen und psychischen Voraussetzungen für Autonomie aktuell stark eingeschränkt. Bei Pflegebedürftigkeit aufgrund schwerer chronischer Krankheit und Behinderung ist die Restitution von Alltagsselbstständigkeit und ein selbstständiges Krankheits- bzw. Selbstmanagement zwar ein elementares Edukationsziel, doch ein bestimmtes Ausmaß an Hilfe- und Pflegeabhängigkeit bleibt dennoch – vor allem in präkritischen und kritischen Phasen – oft bestehen. Daher ist es naheliegend, dass das ethische Prinzip *Care* bzw. *Caring* als grundlegendes Prinzip auch beruflicher Pflege beschrieben und ihre Fortentwicklung zur professionellen Kompetenz – als «Kunst» im ursprünglichen Sinne des entwickelten «Könnens» (z. B. bei Paterson/Zderad 1999) – gefordert wurde. Das Fallverstehen wurde als grundlegend für die professionelle Pflege der Person erklärt – einschließlich der Anknüpfung des

Pflegeverlaufs an die unabgeschlossene Biografie und die Einbindung in den sozialen Kontext (Familiengesundheitspflege). Die qualitative Erforschung des Erlebens von Kranksein und Hilfe- und Pflegeabhängigsein stellt daher einen der Hauptzweige der Pflegeforschung dar. Interne Evidenz wurde als Legitimationskriterium wissenschaftlich begründeter Pflege neben das Postulat externer Evidenz gestellt.

An den Handlungsfeldern informeller und professioneller Pflege kann die Relativierung des Geltungsanspruchs des Rechts auf Autonomie im Kontext von Sorge gut aufgezeigt werden. Es überrascht daher nicht, dass in der anthropologischen und ethischen Grundlegung der Pflege der wissenschaftliche Austausch mit neuhegelianischen und neoaristotelischen Philosophen gesucht wurde (z. B. Benner/Wrubel 1997; Taylor 1992, 1995; MacIntyre 1995, 2001).

Im Unterschied zu einem allein durch Rationalität und Autarkie geprägten Autonomiebegriff wirkt ein generalistisches Verständnis der Autonomie, das nur unterschiedliche Grade an Abhängigkeit einzelner Gesellschaftsmitglieder von Solidarität und Sorge kennt und Autonomie und Abhängigkeit nicht als Antagonismus begreift, *integrierend statt diskriminierend*. Hilfsbedürftigkeit und Helfen wird nicht als Störung des Lebenswegs oder Lebensentwurfs abgewehrt;[3] sie sind integraler Bestandteil des Lebensentwurfs und des Selbstverständnisses einer Gemeinschaft. Die sichere Gewährleistung der Rechte hilfs- und pflegebedürftiger Menschen kann nur in einer Gemeinschaft erfolgen, in der diese Rechte als die eigenen Rechte verstanden und vertreten werden, im Rahmen eines anthropologischen Verständnisses («Menschenbild»), das die wechselseitige und unter Umständen auch unausgewogene Sorge als elementare Lebensaktivität und Ausübung persönlicher und gemeinschaftlicher Freiheit begreift. Diese besteht nicht im Diktieren eines Qualitätsniveaus der Hilfe und Pflege durch diejenigen, die die Rahmenbedingungen der Hilfe und Pflege schaffen oder diese in diesem Rahmen leisten. Das Postulat positiver Gerechtigkeit (Bedarfs-, Bedürfnisgerechtigkeit) erfordert eine aktive partizipative Gestaltung der Möglichkeiten, die Interessen zu erfüllen und Menschen mit Hilfs- und Pflegebedarf individuell gerecht zu werden.

Die wichtigste Voraussetzung der Geltung einer *Charta der Rechte hilfs- und pflegebedürftiger Menschen* ist demnach die Folgende: die Integration eigener und fremder Hilfs- und Pflegebedürftigkeit in den Lebensentwurf, das Selbstbild, das Gemeinschaftsverständnis, das Kulturverständnis.

Erst diese Integration macht die gleiche Wertschätzung und Erfüllung von Interessen hilfsbedürftiger wie weniger hilfsbedürftiger Menschen zu einem Gut. Sinngebung, Daseinsbewältigung mit Hilfs- und Pflegebedarf bleibt keine individuelle, sondern ist eine gemeinschaftliche Aufgabe und Verantwortung.

---

3 Vergleiche die Konzeptionen des Selbst («auto») als «Garten» und «Weg» in Meininger (2001).

Besteht diese Integration hingegen nicht, bleibt die Frage der Motivation zur informellen und formalen Hilfe und Pflege offen: Die «Triebfeder» zu moralisch gutem Handeln, zur Einschränkung der eigenen Möglichkeiten zur Lebensgestaltung zugunsten Wohltätigkeit im Rahmen eines egozentrischen Lebensentwurfs bliebe beliebig. Das Überleben, die Würde und Rechte, das gute Leben hilfs- und pflegeabhängiger Menschen blieben gefährdet und könnten allenfalls gesetzlich (mittels Kriterien der Legalität), nicht aber moralisch (mittels Kriterien der Moralität) gesichert werden. Die Gerechtigkeit gegenüber den Interessen hilfs- und pflegebedürftiger Menschen wäre eingeschränkt zugunsten der Priorisierung anderer gemeinschaftlicher bzw. persönlicher Interessen.

Hilfs- und Pflegebedürftigkeit – verstanden als Steigerung allgemeiner (i. d. R. gegenseitiger) Hilfsbedürftigkeit – wird so zum Prüfstein des Selbstverständnisses einer Gesellschaft. Die Hilfe für Menschen in Demenzprozessen stellt eine extreme Herausforderung einer Gesellschaft dar, die Rationalität zum zentralen Funktionsprinzip erhebt. Bürgerinnen und Bürger mit Demenz verlieren eben die rationalen Fähigkeiten in ihrem Krankheitsprozess. Emotionale Fähigkeiten verblassen nicht; Sorgefähigkeiten bleiben – in der Fähigkeit aktuellen Mitgefühls – erhalten oder verstärken sich sogar, weil kulturelle Barrieren zum Ausdruck des Mitgefühls mit dem Verlust der kognitiven Fähigkeiten fallen. Das Machtgefälle zwischen Bürgerinnen und Bürgern ohne Demenz und mit fortgeschrittener Demenz ist daher krass. Zugleich ist das Potenzial groß, dass in der Konfrontation mit Menschen in Demenzprozessen die Ideale eines guten Lebens und das Selbst- und Kulturverständnis einer Gemeinschaft und von Einzelnen angegriffen werden.

Die steigende Prävalenz und Inzidenz von Demenzen stellt daher eine essenzielle gesellschaftlich-demokratische und individuelle Selbstverständigungsaufgabe, deren Bewältigung an der Qualität der Versorgung dieser beängstigenden unheilbaren Hilfs- und Pflegebedürftigkeit im Vergleich zu anders ausgerichteter Hilfsbedürftigkeit im Gesundheits- und Sozialsektor gerade in Zeiten zunehmender Ressourcenknappheit und unter Katastrophenbedingungen ablesbar ist. Die Forderung von Allokationsgerechtigkeit stellt eine essenzielle Anfrage und Aufgabe an die Demokratie.

Die verletzliche Autonomie des Augenblicks bei Menschen mit Demenz

Im Demenzprozess schwindet mit den Fähigkeiten, sich zu erinnern und zu planen, zusehends die Fähigkeit zur *Selbstbestimmung*: Wenn der Krankheitsprozess bereits mit spürbaren Alltagsspannen und Entfremdungseffekten einhergeht, ist die zukunftsgerichtete Planung eines Lebens mit Demenz immer weniger möglich (vgl. Schwerdt 2005b). Entscheidungen über die Gestaltung des Alltags, der

Umgebung, der sozialen Beziehungen unter Berücksichtigung gegenwärtiger Rahmenbedingungen, reflektierter Erfahrungen und Kenntnisse und der Erwartungen und Bedürfnisse anderer Personen können immer weniger informiert und umsichtig getroffen werden.

Mit dem Verlust der rechtlichen Einwilligungsfähigkeit verschwinden jedoch nicht alle Fähigkeiten zur Autonomie: Die Fähigkeit zu einer *Autonomie des Augenblicks* (Schwerdt 2005a) bleibt in der Regel erhalten: Die aktuelle Befindlichkeit, Gefühle, Wünsche, Sinneseindrücke, Impulse aus der Umgebung, die Begegnung mit anderen Menschen (oder mit Tieren) können in Reichweite der Wahrnehmung und des Ausdrucks bleiben. Die Ausübung von Autonomie erstreckt sich auf den verbalen oder nonverbalen Ausdruck eines Wunsches oder der Ablehnung von Personen, Räumen, Geschehnissen, Maßnahmen und in der Wahl zwischen Alternativen, die in einer den kognitiven Fähigkeiten der Person mit Demenz gemäßen Weise gezeigt werden. Diese Autonomie bezieht in einer auf die Situation begrenzten Form auch *moralische Autonomie* ein: Da emotional-soziale Fähigkeiten nicht gleichermaßen beeinträchtigt werden, ist ein Mitfühlen mit tatsächlich oder vermeintlich in Not geratenen Menschen und anderen Lebewesen vielfach erkennbar. Ein advokatorisches Eintreten und aktives Helfen bis hin zur Vermeidung schädlicher Folgen aktuellen Verhaltens ist häufig beobachtbar.

Die *Autonomie des Augenblicks* geht weit über eine biologische «Freiheit», die Hans Jonas allen Lebewesen zuerkennt, hinaus, denn die Person mit Demenz steht nach wie vor in der Kontinuität ihres Identitätsprozesses; die soziale Beziehung zu Angehörigen und die Beziehungsgestaltung in der Unterstützung der Lebensaktivitäten durch professionelle Pflege bestimmen ihre Lebensqualität: Der situations- und fähigkeitsangepasste Bezug auf die soziale und geschichtliche Kontextualität der Person (vgl. Becker 2005) kann die Ausübung der *Autonomie des Augenblicks* unterstützen. Die «Erzählung» des Selbst kann über verschiedene Sinneswege (z. B. anhand von Fotos und Postkarten, durch Musik, mit Speisen und Getränken, durch Inventar und Handwerksgeräte) angestoßen und ergänzt werden.

Die *Weitererzählung* des Selbst wird möglich, weil die Biografie der Person mit Demenz nicht mit dem Eintreten des Krankheitsprozesses abgeschlossen wurde, sondern – in zunehmend deutlicherer gemeinschaftlicher «Erzählung» – fortgeführt werden kann, und weil die Plastizität des Erlebens und Verhaltens im Demenzprozess angenommen wird und die Lebensgeschichte zukunftsoffen bis zum Tod bleibt.

Die *Autonomie des Augenblicks* von Menschen mit schwerer Demenz zeigt so die Bedingung von Sozialität zur Erhaltung und Förderung von Autonomie besonders deutlich. Sie bestätigt die Gültigkeit von *Pflegetheorien,* in denen professionelle Pflege als therapeutisch wirksame Interaktion verstanden wird, in deren Rahmen einzelne Pflegemethoden und -techniken erst wirksam sein können. Die Konfrontation mit Menschen mit Demenz macht darauf aufmerksam, dass Autonomie aus der Perspektive hilfsbedürftiger Menschen Personhaftigkeit kennzeichnet, und dass diese sich – im Vergleich mit Menschen ohne Demenz lediglich in gesteigertem Maße – erst im Kontext einer «Sorgekultur» entfalten kann.

Ein Demenzprozess bringt eine zunehmende *Vulnerabilität* mit sich: Leistungseinbußen sind zunehmend erkennbar für die betroffene Person und werden schmerzlich erlebt. Die Fähigkeit, die gegenwärtige Situation und ihre Konsequenzen zu verstehen und zu gestalten, schwindet zusehends. Die Kompetenz, die Aktivitäten des Lebens zu strukturieren und zu steuern, das eigene Überleben zu sichern und ein gutes Leben trotz der Krankheit zu führen, muss immer umfassender von anderen Personen unterstützt und schließlich kompensiert werden. Die Dringlichkeit dieser Kompensation wird zumeist ebenfalls nicht verstanden. Das Erleben der Betroffenen ist von zunehmender Verunsicherung und Entfremdung von ihrer Umgebung und ihren sozialen Bezugspersonen gekennzeichnet; Selbstbild und Fremdbild geraten immer mehr in einen Widerspruch (vgl. Bosch 1998; Schwerdt/Tschainer 2003, Schwerdt 2004, 2005b).

Wenn die Fähigkeit, für sich zu sprechen, nachlässt, Gestaltungsmöglichkeiten schwinden und der Erfolg der Selbstwirksamkeit immer häufiger ausbleibt, steigt der Grad der Abhängigkeit in allen Aktivitäten des Lebens. Die Qualität der Sorge bestimmt zunehmend und umfassend die Lebensqualität der Betroffenen.

In dieser ruhelosen Situation, in der zur Erzählung der eigenen Identität in zunehmendem Maße Bezugspersonen nötig sind, ist von entscheidender Bedeutung, dass ein Lebensrahmen geschaffen wird, der für den Betroffenen überschaubar bleibt, in der soziale Kommunikation und Interaktion gelingt, und in der subjektiv sinnvolle Aktivitäten unternommen werden können.

Damit die *Autonomie des Augenblicks* entfaltet werden kann, sind grundlegende Voraussetzungen nötig (vgl. Schwerdt 2005a). Von allen im Umfeld der Personen mit Demenz Agierenden (Menschen im Alltag z. B. Straßenbahnschaffner und Mitfahrende, Menschen in Versorgungseinrichtungen z. B. Angestellte der Cateringfirma und Hausmeister) ist zu erwarten:

- die Achtung vor einem Menschen mit Demenz als einer würdetragenden Person (unter allen Umständen der äußeren Erscheinung und des Verhaltens)

- der Wille, dieser Person nicht zu schaden.

Personen, die zur gesundheitlichen oder seelsorgerischen Betreuung den Kontakt aufnehmen, müssen weitergehende Bedingungen erfüllen:

- Wissen über Demenzsyndrome und ihre Verläufe sowie ihre Auswirkungen auf die Alltagsaktivitäten

- Wissen über objektive Aspekte der Lebensqualität mit einer Demenz

- biografisches Wissen über diese Person und ihre Vorstellungen eines guten Lebens, im Bewusstsein der bleibenden Plastizität des Erlebens und Verhaltens in der Fortschreibung dieser Biografie

- die Bereitschaft, sich in die Lebenswelt der Person mit Demenz, die sich nur noch eingeschränkt verbal äußern kann, hineinzuversetzen

- wache Aufmerksamkeit für Anzeichen, die einen Eindruck von der momentanen Befindlichkeit und dem Erleben der betreffenden Person gewinnen lassen

- wache Aufmerksamkeit für die Möglichkeiten, die diese Person für einen Dialog eröffnet, und Bereitschaft, diesen Dialog auch auf ganz ungewohnte, nonverbale Weise einzugehen

- der Wille und die Fähigkeit, zum Guten dieser Person zu wirken.

Es obliegt nicht allein beruflich Pflegenden, diese Bedingungen zu erfüllen. Gute Pflege, die die Autonomie von Menschen mit Demenz fördert statt paternalistische Entscheidungen zu treffen und Unselbstständigkeit zu fördern, ist nur unter Bedingungen größtmöglicher Unterstützung der Angehörigen und im Rahmen eines Qualitätsentwicklungskonzepts von Versorgungseinrichtungen leistbar. Sie sind auch nur erfüllbar im Rahmen eines entsprechenden gesellschaftlichen Handlungsauftrags, in dem eine Gesellschaft gemäß ihrem Selbstverständnis die Sorge für Menschen mit schwerer Demenz an Pflegeinstitutionen und beruflich Pflegende delegiert. Solange allerdings 60 % der Bürgerinnen und Bürger Deutschlands über 50 Jahren keine Vorsorge getroffen haben für das Alter und sich nur jeder fünfte für «gut informiert» hält über Möglichkeiten der Altersvorsorge, vor allem bezüglich des Lebensrisikos der Pflegebedürftigkeit (Evangelische Heimstiftung, Konzept & Markt, Vincentz Network 2004), zugleich die Furcht vor Abhängigkeit von der Hilfe anderer ein Hauptmotiv für den Suizid im höheren Lebensalter ist,[4] kann davon ausgegangen werden, dass souveräne Autonomie weiterhin als Leitwert fungiert, nicht aber wechselseitige Sorge als Grundbedingung des Daseins nicht nur von Menschen mit Demenz erkannt und anerkannt ist.

---

4 Der Soziologe Peter Klostermann (Institut für Rechtsmedizin an der Berliner Charité, 2004) fand dieses Motiv bei 130 65- bis 69-jährigen Suizidentinnen und Suizidenten im Berliner Raum zwischen 1995 und 2003 in ihren letzten Niederschriften. Diese Angst drückte sich in einigen Fällen auch in der Ablehnung der Möglichkeit aus, professionelle stationäre Pflege in Anspruch zu nehmen.

4 Moralische Kompetenz im Umgang mit Menschen in Demenzprozessen

Empfehlungen zu einem gestuften Qualifikationssystem und zum Einsatz von Instrumenten zur ethischen und moralischen Reflexion

Ruth Schwerdt und Barbara Reisach

Die Konfrontation mit Menschen mit Demenz bedeutet die Konfrontation mit dem Lebensrisiko, pflegebedürftig zu werden aufgrund schwerer und fortschreitender Verluste der kognitiven Fähigkeiten. Sie bildet eine Anfrage an das Selbstbild der Gesellschaft, ihr Kulturverständnis, ihre Bereitschaft, Sorge und Verantwortung zu tragen und dafür, bestehende Prioritäten neu zu gewichten.

Da zwischen Menschen in fortgeschrittenen Demenzprozessen und den Helfenden ein krasses Machtgefälle besteht und ein Aushandeln von Hilfeangeboten nur sehr eingeschränkt oder gar nicht möglich ist, da die Betroffenen für ihre Rechte kaum mehr eintreten und sie geltend machen können, ist die moralische Kompetenz der Helfenden von besonderer Bedeutung. Wenig qualifizierte Helfende geraten eher an die Grenzen ihrer Kompetenzen, wenn die zu Betreuenden einer unmittelbaren verbalen und nonverbalen Verständigung unzugänglich bleiben. Sie verfallen leichter einem kompetenzdiagnostischen und therapeutischen Nihilismus, das heißt, sie erkennen keine Kompetenzen oder missdeuten das Ausdrucksverhalten, und es steht ihnen ein nur geringes Repertoire an Möglichkeiten zur Erfassung und Erfüllung des Bedarfs zur Verfügung.[5] Pflegenden mit einem entwickelten klinischen und moralischen Urteilsvermögen und einem reichen,

---

5 Siehe das Beispiel der Ernährung bei Schwerdt (2004).

spezifischen Repertoire fällt es leichter, in Dilemmata zwischen Autonomie und Fürsorge zu agieren und Prioritäten zu setzen, dabei die Interessen nicht nur eines, sondern aller pflegebedürftigen Menschen im zugeteilten Bereich zu integrieren und das Nähe-Distanz-Verhältnis zu Klientinnen und Klienten zu balancieren. Um die Perspektive der zu Pflegenden im Pflegeprozess geltend zu machen und die Umgebung und die Interaktion Selbstständigkeit und Autonomie fördernd zu gestalten, sind individuell angepasste Kommunikationsmethoden und -techniken (s. u.) einzusetzen.

Auch eine ausgewogene Rollendistanz ist nötig für die langfristige Pflege und Betreuung. Der berufliche Umgang mit Menschen mit Demenz erfordert die gründliche Auseinandersetzung mit dem Lebensrisiko, pflegebedürftig aufgrund einer Demenz zu werden. Er erfordert die kontinuierliche Bereitschaft, für die eigene Berufswahl und die Klientel einzutreten angesichts von Unsicherheits- und Abwehrreaktionen einzelner Mitbürgerinnen und Mitbürger[6] und trotz des anhaltend schlechten Images der Berufsgruppe und der Institutionen für die Versorgung von Menschen mit Demenz.

Im Folgenden wird ein gestuftes Qualifikationsmodell für den Umgang mit Menschen mit Demenz empfohlen. Damit wird die Intention verfolgt, Unter- und Fehlversorgung zu vermeiden, die Normalität des Alltags möglichst zu erhalten sowie die Versorgungskosten zu begrenzen.

Der konsequente Einsatz angepasster Qualifikationen für den adäquaten Umgang mit Menschen mit Demenz kann zu einer besseren Integration und Normalisierung ihres Alltags und zur Prävention bzw. Deeskalation von Krisen führen.

1. *Menschen in frühen Stadien einer Demenz* erleben zunehmend Angst und Stress im Alltag. Die Umgebung und Personen werden fremd. Misserfolge häufen sich (Schwerdt/Tschainer 2003). Sie benötigen Information, Beratung und soziale Unterstützung (z. B. Dirksen/Matip/Schulz 1999).

---

6 Die Distanzierung «gesunder» von demenzkranken Personen, wenn sie ihrer unvermittelt (z. B. in einem Altenpflegeheim, wo viele Menschen in den Spätstadien leben) ansichtig werden, zeigt sich u. a. in verdeckten und expliziten Eliminierungsimpulsen (spontan: «Lieber die Kugel als so zu vegetieren!,» oder fachlich «human vegetable»). Die Medienrepräsentation erschöpft sich ganz überwiegend in Angst schürenden Skandalmeldungen. Die zahlreichen gelingenden Modelle und Konzepte sind hingegen in der Fachpresse aufzufinden. Die langjährige Zurückhaltung der Politik in der Auseinandersetzung mit den anthropologischen, ethischen, demografischen und ökonomischen Implikationen der steigenden Prävalenz und Inzidenz von Demenzen und der Unterversorgung der Betroffenen und ihrer Angehörigen einerseits, stets wiederkehrenden Forderungen nach der Reduktion der Fachkraftquote andererseits kann ebenfalls als Abwehrreaktion gegen die Infragestellung des Selbst-, Gesellschafts- und Kulturverständnisses (s. vorigen Abschnitt) gedeutet werden.

2. Die Lebenssituation von Menschen in Demenzprozessen ist maßgeblich von *primären Bezugspersonen,* zum Beispiel Angehörigen, geprägt (Infratest Sozialforschung 2003). Sie brauchen fallbezogene Kompetenzen, um den Alltag im Verlauf des Demenzprozesses zu managen. Sie brauchen Unterstützung und Beratung auch darin, die eigenen Bedürfnisse nicht zu vernachlässigen und Überforderung zu vermeiden (Blom/Duijnstee 1999, Schwerdt/Tschainer 2003).

3. Menschen mit Demenz begegnen im Alltag vielen *Personen im privaten und öffentlichen Raum.* Familienangehörige sollen frühzeitig informiert und einbezogen werden. Personen im öffentlichen Raum (z. B. bei der Polizei und Verkehrsunternehmen) sollen Fortbildung im Umgang mit verwirrten Personen erhalten (z. B. nach dem Kasseler Modell, s. Trilling 2004).

4. *Ehrenamtliche* können im privaten Haushalt der Betreffenden, in Wohn- und Hausgemeinschaften und in Pflegeeinrichtungen erheblich zu einer guten Lebensqualität beitragen. Sie müssen jedoch gut ausgewählt und vorbereitet sowie kontinuierlich begleitet werden (Gräßel/Schirmer 2003).

5. *Präsenzkräfte* können nach einem kriteriengestützten Verfahren ausgewählt und für die kontinuierliche Begleitung geschult werden (Helmrich, Duwe-Wähler, Felder/Ortel 2004). Ein Beispiel dafür kann die Schulung von Lebensassistenten wie im Konzept der Eden-Alternative von William Thomas sein (Monkhouse/Wapplinger 2003), die in den USA, Kanada und der Schweiz bereits sehr erfolgreich eingesetzt werden.

6. *Altenpflegerinnen und Altenpfleger* sind auf Pflegesituationen auf mittlerem Anforderungsniveau vorbereitet, jedoch nicht auf herausfordernde Situationen, die klientelspezifisch vertiefte Kenntnisse und Fertigkeiten erfordern. Sie könnten durch zweijährig weitergebildete Mentorinnen nach Bedarf unterstützt werden (z. B. nach dem Modell von Jutta Becker 2005). Möglich ist auch eine andere Form des «Skillmix»: Die geschulten Lebensassistenten ziehen bei Bedarf eine Altenpflegerin oder Altenpfleger in Fragen der fachgerechten Pflege hinzu.

7. Für multiplikatorische Funktionen in der differenziellen Bedarfserfassung, Pflege- und Betreuungsplanung, im Monitoring und in der Evaluation von Pflegeverläufen sind spezialisierte, pflege- und bezugswissenschaftlich fundierte Kompetenzen auf dem Niveau der *Advanced care practice* nötig. Dieses Niveau wird an der Universität Stirling (Schottland) in einem Masterstudiengang erreicht. Zudem wird gerade ein internationaler Studiengang zum European Master in Dementia Care entwickelt.

Für das Niveau «Advanced care» können zwei Schwerpunkte gebildet werden:

● *Steuerung von Krankheits- und Pflegeverläufen:* Hier ist ein Case Management angesprochen, das problemabhängig von Pflegefachpersonen, aber auch von Medizinerinnen, Psychologen oder Sozialarbeiterinnen durchgeführt werden kann. Es ist vor allem Zielgruppen gewidmet, die besonders komplexen Hilfebedarf aufweisen und/oder keine stabilen Unterstützungssysteme haben. Die Aufgaben des Case Managements sind advokatorische Interessenvertretung, Koordination und Vermittlung sowie das interinstitutionelle und interprofessionelle Schnittstellenmanagement, zum Beispiel in der Entlassungsplanung.

● *Spezialisierung auf pflegespezifische Phänomene,* nach dem Vorbild der *Clinical nurse specialist* oder dem pflegeproblembezogenen Case Management. Hier geht es um die Gestaltung direkter Pflege – zum Beispiel bei der Ernährung[7] oder der Kommunikation[8] – im Rahmen der Organisation von Pflegeverläufen in interdisziplinärer Kooperation.

Die Steuerer und die Spezialistinnen können problembezogen, aber kontinuierlich abgerufen werden, besonders in präkritischen und in kritischen Phasen von Krankheits- und Pflegeverläufen. Sie könnten zudem Einrichtungsträger beraten in Fragen der individuellen Pflegegestaltung und -begutachtung. Als Experten sind sie auffindbare Ansprechpartner und können auf politische und gesetzgeberische Prozesse einwirken.

Die Befindlichkeit von Menschen mit Demenz wird durch die Art des Umgangs maßgeblich geprägt. Wie Erich Grond (2000) aufzeigt, hängt auch die Belastung im Umgang mit Menschen mit Demenz mehr von der Qualität der Beziehung als von der Schwere der Demenz ab. Die Kommunikation und Interaktion mit den Betreffenden sollte daher in der Qualifikation auf jeder Stufe einen zentralen Stellenwert haben.

---

7 Ein pflegerischer Experte auf dem Niveau einer *Advanced clinical practice* könnte konsultatorisch hinzugezogen werden zur Beratung, als Mentor zur Moderation von Problemlösungsprozessen, als Coach für die Pflegenden, die ihre Kompetenz in der Anreichung von Speisen und Getränken optimieren, zur Begleitung der Konzepterstellung für die Ernährung von Menschen mit fortgeschrittener Demenz. Er könnte weiter die Implementierung des Konzepts überwachen, die nur im Rahmen eines soliden Projekt- und Changemanagements gelingen kann. Interdisziplinäre Fallbesprechungen mit Angehörigen aller relevanten Berufsgruppen könnten zu einem individuellen Assessment und Behandlungsplan führen (vgl. Schwerdt 2004).

8 Zum Beispiel der Kommunikation bei der Ernährung (s. Ulmer/Markgraf 1999), zu Kommunikationstechniken (s. Powell 2003), zu Interviewtechniken (s. Murphy/Killick/Allan 2001, Niederbuhr/Alzheimer Gesellschaft Bochum e. V. 2004, Kneubühler 2005).

Die Haltung gegenüber Menschen mit Demenz und die Gestaltung der Interaktion mit ihnen sind grundlegend wertebestimmt. In der Beratung und Qualifikation sollen daher auf jedem Niveau Leitwerte angesprochen werden und Raum für die Reflexion moralischer Dilemmata gegeben werden. Beruflich Helfende sollten stets in der Lage sein, ihre Handlungsentscheidungen werteorientiert zu begründen, da Expertentum nicht nur ein qualitatives fachliches Urteilsvermögen, sondern auch moralisches Urteilsvermögen erfordert (Rubin 2000, Olbrich 2002, Schwerdt 2005a). In Pflegeeinrichtungen kann werteorientiertes Qualitätsmanagement nach dem Modell des *Nursing Development*[9] aufgebaut werden. Es verbindet die Partizipation ganzer Teams mit einer konsequenten Klientenperspektive. Das Entwicklungsziel des Teams und der beteiligten Institution ist eine induktiv entfaltete *good* oder gar *best practice* auf Evidenz- und Wertebasis (Schwerdt 2005b).

Zur Sicherung der Qualität der medizinischen und pflegerischen Versorgung von Menschen mit Demenz können ethische Instrumente als Hilfsmittel genutzt werden.[10] Zunächst wird die Form der Checkliste gezeigt. Sie ist für den Einsatz bei oder nach der ärztlichen Visite gedacht.

Checkliste für die ärztliche Visite

1. Ich habe mit offener und empathischer Grundhaltung das Zimmer betreten.

2. Ich habe mir Zeit genommen.

3. Ich konnte beobachten, ohne zwangsläufig zu interpretieren.

4. Gesprächspausen waren ohne Anspannung möglich.

5. Die Gesprächsführung/Führung der Kommunikation lag überwiegend beim Patienten.

6. Ich habe nicht nur konfrontative Fragen gestellt, sondern auch indirekte Zugangswege gesucht (z. B. über ein Foto auf dem Nachtschrank, über den Blick aus dem Fenster etc.).

7. Die vorhandenen Ressourcen des Patienten sind: a, b, c …

---

9   zum Beispiel B. Vaughan (1995)

10 Die hier vorgestellten Instrumente wurden entnommen aus: Rösler/Schwerdt/Renteln-Kruse (im Erscheinen).

Als zweites Instrument werden Leitsätze vorgestellt, die für den Einsatz in der Langzeitbetreuung vorgesehen sind. Diese Leitsätze können – wenn sie im Team reflektiert werden – die Entwicklung eines Kodex vorbereiten. Dieser wäre in dem Maß, in dem alle betreuenden Personen an seiner Abfassung beteiligt würden, ein Produkt und ein qualitätsanzeigendes Desiderat eines Reflexions- und Kommunikationsmilieus, das eine klientelgerechte Unternehmenskultur benötigt. Eine *Advanced clinical practice* erreicht ihr höchstes Niveau unter Rahmenbedingungen einer solchen Kultur.

Leitsätze für die Langzeitbetreuung

- Ich respektiere in dem zu pflegenden Menschen mit Demenz eine Person, die durch ihre kohortenspezifische und ihre biografische Geschichte bis in ihr aktuelles Handeln hinein geprägt ist. Für viele Verhaltensweisen können Erklärungen in dieser Geschichte gefunden werden.

- Ihre individuelle Geschichte ist nicht abgeschlossen. Diese Person mit Demenz steht zwar in der Kontinuität ihrer Identität, aber sie ist dennoch auch gegenwärtig veränderbar. Diese Potenziale können durch die Interaktion und Kommunikation und durch die Gestaltung der Umgebung und des Tagesablaufs beeinflusst werden.

- Jeder Mensch ist fähig zur Selbstpflege und zugleich abhängig von der Sorge anderer. Die Gewichtung hat sich im Falle eines Menschen mit Demenz im Verlauf seiner Krankheit verschoben. Es kommt jedoch darauf an, die Selbstpflegekompetenzen – einschließlich der Bereitschaft und Fähigkeit zur Sorge für andere – in subjektiv sinnhaftem Ausdruck zu erkennen und zu fördern.

- Eine Demenz kann auch mich oder meine nächsten Bezugspersonen betreffen. Ich versuche also, der Existenz, dem Personausdruck und dem Kommunikationsbedürfnis der mir zur Pflege überantworteten Personen mit der Wertschätzung, der Sorgfalt und der Ernsthaftigkeit zu begegnen, die ich für den Fall eigener Betroffenheit erwarte.

- Mir ist bewusst, dass mich die Kommunikation mit einem Menschen mit Demenz in der Enge und Nähe des alltäglichen pflegerischen Umgangs nicht nur in meiner Berufsrolle und in meinen fachlichen Kompetenzen, sondern auch als Person stark fordern und herausfordern kann. In der rationalisierten Berufswelt der Pflege als Gesundheitsprofession kommt es darauf an, emotionale Arbeit und Körperarbeit zugleich spontan und gezielt im pflegerischen Dialog mit der Person mit Demenz einzusetzen, um ihre Lebenswelt möglichst personerhaltend zu gestalten. Um ansprechbereit zu bleiben und um auf ihre Ansprache antworten zu können, versuche ich, mich einzulassen auf ihre Kommunikations- und Problemlösungsangebote und dennoch ihre und meine persönlichen Nähegrenzen zu respektieren.

In Fragen der Qualifikation privater und beruflicher Helferinnen und Helfer von Menschen mit Demenz ist stets im Blick zu behalten, dass ein «gelingender Alltag» nur in «geteilter Verantwortung» (Klie 2000) gestaltet werden kann. Die Rahmenbedingungen hierfür werden nicht in der direkten helfenden Beziehung, sondern durch politische Entscheidungen, die Gesetzgebung und die Art der Anwendung von Gesetzen und Verordnungen gesetzt.

5 Pflegebedürftig mit Demenz und das SGB XI

Uwe Brucker

Demenz ist kein Randphänomen: In Deutschland leiden derzeit zwischen 1,4 und 2,2 Millionen Menschen an Demenz. Sie werden entweder zu Hause oder in einer stationären Pflegeeinrichtung versorgt. Zur zukünftigen Entwicklung der Prävalenzzahlen für Demenzerkrankungen liegen unterschiedliche Vorausschätzungen vor. Bis zum Jahr 2050 wird ein Anwachsen auf bis zu fünf Millionen prognostiziert.[11] Etwa 80 % der Demenzkranken werden durch Angehörige zu Hause versorgt. Von den Pflegeheimbewohnern des Jahres 2002 waren in Nordrhein-Westfalen zwischen 60 und 80 % demenziell erkrankt.[12] Demenzerkrankungen sind alterskorreliert, das heißt, sie nehmen mit steigendem Alter stark zu. In der Altersgruppe der 70- bis 74-Jährigen sind rund 4 % von dieser Krankheit betroffen, bei den 90-Jährigen und Älteren ist es bereits jede/jeder Dritte.[13] Das gesundheitliche Versorgungssystem muss sich auf diese epidemiologische Herausforderung möglichst rasch einstellen.

Der Umstand, dass die Zahl der über 90-jährigen pflegebedürftigen Frauen im Zeitraum zwischen 1998 und Ende 2005 von 205 744 auf 274 894 zugenommen hat, macht deutlich, dass der bereits aktuell bestehende politische Handlungsbedarf angesichts dieser Zuwachsrate von 33,6 % in einem Zeitraum von nur sieben Jahren noch nicht in allen Köpfen der politischen Verantwortungs- und Entscheidungsträger angekommen ist.

---

11 Priester, K. (2005): Fünf Millionen demenziell Erkrankte in Deutschland bis 2050? In: Die BKK 4/2005: 166 ff.

12 Wingenfeld, K.; Schnabel, E. (2002): Pflegebedarf und Leistungsstruktur in vollstationären Pflegeeinrichtungen. Dortmund.

13 Bickel, H. (2002): Stand der Epidemiologie. In: Hallauer, J. F.; Kurz, A.: Weißbuch Demenz. Thieme, Stuttgart: 10 ff.

Menschen mit Demenz weisen im Vergleich zur Bewohnerschaft von Pflegeheimen von vor 30 Jahren einen völlig anderen spezifischen Hilfebedarf auf, der gekennzeichnet ist durch folgende Merkmale:

- weitgehende körperliche Mobilität

- Apathie/sozialer Rückzug

- Unruhe/Agitiertheit

- Angst

- Tag-/Nachtrhythmus

- Reizbarkeit

- Wanderungs-(Weglauf-)Tendenzen

- depressives Verhalten

- Wahn/Halluzinationen

- Euphorie

- emotionale Verflachung und Veränderung des sozialen Verhaltens

- Enthemmung, Apathie und Ruhelosigkeit

- abnehmende verbale Kommunikationsfähigkeit.

Verhaltensstörungen, kognitive und emotionale Funktionsstörungen zieht die Erforderlichkeit von einer ganzen Reihe sozialpflegerischer und kommunikativer Interventionen nach sich, die sich grundlegend von tradierten pflegerischen Aktivitäten «am Bett» unterscheiden. Diese Art von Pflegebedürftigkeit erfordert ein neues Verständnis von Pflege, das geprägt ist von Beziehungsarbeit und einer besonderen Reflektion der eigenen Tätigkeit.

Bei vielen Pflegeunternehmen, die sich der fachlichen Versorgung alter Menschen verschrieben haben, stieg zwar in den vergangenen 20 Jahren die Zahl von Menschen mit Demenz stetig an. Aber ausweislich der Datenlage und nicht zuletzt der Qualitätsprüfungen des Medizinischen Dienstes scheinen die Einrichtungen weitgehend auf diese Bewohnergruppe (Bewohneranteil mittlerweile bei über 60 %) unvorbereitet zu sein. Bei immerhin rund einem Drittel der untersuchten Pflegeversicherten waren Mängel bei gerontopsychiatrisch beeinträchtigten Bewohnern zu beobachten.[14] Die baulichen, konzeptionellen und organisato-

---

14 Medizinischer Dienst der Spitzenverbände der Krankenkassen (MDS, Hrsg.) (2004): Brüggemann, J. et al.: Qualität in der ambulanten und stationären Pflege. Essen.

rischen Rahmenbedingungen sind nicht auf die besonderen Bedürfnisse von Menschen mit Demenz ausgerichtet. Das allzu oft unzureichende Wissen der Pflegenden über die Erkrankung und über die Möglichkeiten angemessenen Pflegehandelns führt im Alltag immer wieder zu vermeidbaren Konfliktsituationen im Umgang mit den Demenzkranken, denen die Pflegenden oft ratlos gegenüberstehen.

Hinweise auf eine verbesserungsbedürftige Versorgung von Menschen mit Demenz finden sich zudem in allen sozialen, pflegerischen und medizinischen Versorgungssegmenten.[15] Ohne die Bedeutung von qualitativ angemessener therapeutisch-pflegerischer Versorgung zu schmälern – Hinweise zur Verbreiterung und Vertiefung zum Thema der bedarfs- und bedürfnisgerechten Pflege und Betreuung von Menschen mit Demenz liefert die Fachliteratur inzwischen zahlreich; Fachgesellschaften und einschlägigen Wissensdisziplinen von Pflege, Medizin, Sozialarbeit und Hauswirtschaft akzentuiert dieser Beitrag die Verortung von Menschen mit Demenz im Sozialversicherungszweig Pflegeversicherung. Der kritischen Würdigung des Status Quo folgen konstruktive Überlegungen zu Perspektiven einer künftigen Entwicklung.

5.1 Pflegebedarf und Pflegebedürftigkeit

Wo Pflegebedürftigkeit nach der Kurzformel von Bartholomeyczik[16] ein Produkt aus Defiziten und Ressourcen ist, gestaltet sich die Abgrenzung zum Pflegebedarf etwas schwierig. Der Pflegebedarf zielt in der Pflegewissenschaft eher auf die Interventionsebene. Er wird als die Einschätzung der als «erforderlich angesehenen Handlungen, Maßnahmen bzw. Leistungen»[17] beschreiben. Der Pflegebedarf wird unter Einbeziehung von Umweltfaktoren, Kompetenzen, internen Ressourcen und Zielen ermittelt.[18] Der Pflegebedarf steht am Ende eines Prozesses der Beurteilung und Entscheidung und stellt die Gesamtheit der erforderlichen Pflege und Hilfe dar; in den Pflegebedarf fließen nicht nur professionelle, kulturelle,

---

15 Bundesministerium für Familie, Senioren, Frauen und Jugend (2002): Vierter Bericht zur Lage der älteren Generation. Risiken, Lebensqualität und Versorgung Hochaltriger – unter besonderer Berücksichtigung demenzieller Erkrankungen, Berlin.

16 Bartholomeyczik, S. (2002): Analyse des Pflegebedarfs Schwerstpflegebedürftiger im außerstationären Bereich. In: Schaeffer, D.; Ewers, M. (Hrsg.): Ambulant vor stationär. Perspektive für eine integrierte Pflege Schwerkranker. Verlag Hans Huber, Bern: 199 ff.

17 Wingenfeld, K. (2000): Pflegebedürftigkeit, Pflegebedarf und pflegerische Leistungen. In: Rennen-Althoff, B.; Schaeffer, D. (Hrsg.) (2000): Handbuch der Pflegewissenschaft. Juventa, Weinheim/München: 339 ff.

18 Hasseler, M.; Görres, S. (2005): Was Pflegebedürftige wirklich brauchen. Schlütersche, Hannover: 18 f.

gesellschaftliche und sozialrechtliche Werte und Normen ein,[19] sondern er hängt auch erheblich von Vorstellungen und Wissen (was ist «State of the Art?») über pflegerische Leistungen ab.

Die Entwicklung von Pflegebedarfskonstellationen von Menschen mit Demenz wird sich einerseits auszurichten haben am Gesundheitszustand der Betroffen, aber auch an der Belastbarkeit der Hauptpflegepersonen. Denn beide gelten als die maßgeblichen Prädikatoren für die Inanspruchnahme professioneller Dienstleistungen wie auch für den Umzug in ein Pflegeheim.[20] Für die Beschreibung der Pflegebedürftigkeit wie auch für die passgenaue Ausrichtung einer pflegerischen Infrastruktur zur Unterstützung des besonderen Pflegebedarfs von Menschen mit Demenz muss es Änderungen im bestehenden Versorgungssystem geben.

Die Versorgung von Menschen mit Demenz muss verbessert werden

Nicht nur die Pflegeversicherung, sondern das gesamte medizinische und pflegerische Versorgungssystem wird sich stärker auf die Bedarfs- und Problemlagen von Personen mit eingeschränkter Alltagskompetenz ausrichten müssen. Will man die kognitiven Fähigkeiten sowie die Alltagskompetenz von Menschen mit Demenz so lange wie möglich erhalten, die Pflegebedürftigkeit zeitlich hinauszögern und so weit wie möglich abmildern, müssen in diesen Bereichen deutliche Fortschritte erzielt und die nach wie vor bestehenden Versorgungsdefizite überwunden werden.

Grundvoraussetzung für eine bessere Versorgung von Demenzkranken ist zunächst die Sicherstellung des notwendigen Fachwissens sowohl bei den Pflegenden, als auch bei den Ärztinnen und Ärzten. Die Gründe für die derzeitigen Mängel im medizinischen Versorgungssystem sind vielfältig und bekannt: Sie beginnen bereits bei der Ausbildung. Dort spielen Diagnose und Behandlung von demenziellen Erkrankungen nur eine vergleichsweise nachgeordnete Rolle. In der ärztlichen Versorgung Demenzkranker wird nach wie vor vom sogenannten therapeutischen Nihilismus berichtet.

Demenzforschung in Deutschland ist weitestgehend Hirnorganforschung und damit Pharmaforschung. So wichtig Fortschritte und Forschung in diesem Bereich sind, so ist doch mit Nachdruck auch und parallel dazu die Versorgungsforschung zu intensivieren. Es geht im Moment und mittelfristig um die Menschen, die aktuell von dieser Krankheit betroffen sind oder es in den nächsten Jahren sein werden. Sie haben Anspruch darauf, solange diese Krankheit nicht

19 Wingenfeld, K., a. a. O.
20 BMFSFJ (2002): Vierter Bericht zur Lage der älteren Generation, Bonn.

geheilt werden kann, in ihrem gesamten Krankheitsverlauf eine zumindest fachlich angemessene Diagnostik, Therapie, menschliche Hinwendung und Pflege zu erfahren. Ziel muss es sein, auch für Menschen, die an Demenz leiden, Lebenszufriedenheit in der Krankheit erreichen zu können. Mit der Annährung an dieses Ziel wird auch die große physische wie psychische Last, die auf den Schultern der Angehörigen von Menschen mit Demenz lastet, nach und nach geringer.

Gravierende Mängel in der Versorgung

- Die haus- und fachärztliche Versorgung[21] von Demenzkranken wird als defizitär sowohl hinsichtlich frühzeitiger Diagnose[22] als auch angemessener evidenzbasierter medikamentöser[23] und nicht-medikamentöser[24] Therapie beschrieben.

Die Diagnose «Demenz» wird häufig erst relativ spät nach Auftreten der ersten Symptome gestellt. Als verantwortlich hierfür werden neben fachlichen Defiziten von Hausärzten auch deren mangelnde Bereitschaft, bei Unsicherheit an Neurologen oder Psychiater zu überweisen, genannt. In Folge dessen können vor allem in frühen Krankheitsstadien wirksame Therapien nicht eingesetzt werden, die den Krankheitsverlauf zeitlich hinausschieben und dem Kranken länger die Fähigkeit erhalten, im Kreis seiner Familie zu verbleiben und möglicherweise Vorsorgeregelungen zu treffen, die im fortgeschrittenen Stadium der Erkrankung nicht mehr möglich sind.

Dabei wird die Diagnose «Demenz» nicht mithilfe einer aufwendigen Medizintechnik gestellt, sondern auf der Grundlage der klinischen, hausärztlichen Untersuchung. Sie erfolgt zunächst anhand der vom Kranken und seinen Angehörigen geschilderten und erlebten Symptome sowie mittels Krankenbeobachtung in der Untersuchungssituation. Der Hausarzt kann zudem unterschiedliche Tests (wie

---

21 Hallauer, J.; Bienstein, C.; Lehr, U.; Rönsch, H. (2005): SÄVIP – Studie zur ärztlichen Versorgung in Pflegeheimen. Hannover.

22 Deutsche Gesellschaft für Psychiatrie, Psychotherapie und Nervenheilkunde (2000): Behandlungsleitlinie Demenz, Darmstadt.

23 Demling, J.; Kornhuber, J. (2002): Stand der Pharmakotherapie. In: Hallauer. J.; Kurz, A. (Hrsg.): Weißbuch Demenz. Thieme, Stuttgart.
Hallauer, J. (2005): Medikation von Heimbewohnern mit Demenz. Patienten sind unter- und fehlversorgt. In: Hallauer, J.; Füsgen, I.: Demenzbehandlung in Pflegeheimen – Wirklichkeit, Chancen und Grenzen. Medical Tribune, Wiesbaden.

24 Robert-Koch-Institut (Hrsg.) (2005): Gesundheitsberichterstattung des Bundes, Heft 28: Weyerer, S.: Altersdemenz. Berlin (mit zahlreichen Nennungen aktuell praktizierter nicht-medikamentöser Therapien).

z. B. MMST) durchführen, mit denen die Merkfähigkeit, das Gedächtnis und die Kombinationsfähigkeit überprüft werden. Diese Testverfahren liefern aussagefähige Resultate, wenn der Arzt ausgeschlossen hat, dass der Kranke nicht durch andere organische (wie Herzinsuffizienz oder Zuckerkrankheit) oder psychische Krankheiten (z. B. Depression) in seiner geistigen Leistungsfähigkeit eingeschränkt ist. Neben der sorgfältigen körperlichen und neurologischen Untersuchung sowie der Erhebung des psychopathologischen Befunds werden zur Diagnostik einer Demenz bildgebende Verfahren eingesetzt (Computertomographie, Magnetresonanztomographie). Auch elektophysiologische Verfahren (Elektrokardiographie, Elektroenzephalographie), Doppler-Sonographie (Gefäßultraschall) und andere Verfahren zur Funktionsdiagnostik kommen zum Einsatz.

Häufiger treten im Alter «gutartige Gedächtnisstörungen» («mild cognitive impairment») auf, die nicht zwangsläufig zur Demenz fortschreiten. Bei den 70- bis 80-Jährigen finden sich bis zu 30 % mit kognitiver Minderleistung und nur 10 % mit Demenz.[25] Innerhalb von vier Jahren entwickeln – nur oder immerhin – 50 % der Betroffenen eine Demenz.[26] Erhärtet sich der Verdacht auf eine Demenzerkrankung, muss im Interesse einer Ursachenabklärung das Gehirn anatomisch untersucht werden.

Für jeden Patienten ist es dringend erforderlich, einen individuellen Versorgungs- und Betreuungsplan zu entwickeln. Dabei müssen auch die festgestellten Allgemeinerkrankungen behandelt werden, was offenbar noch nicht die Regel ist.

- In der allgemeinen Krankenhausversorgung wird über eine fehlende Fachexpertise und über zu geringe Vernetzung mit gerontopsychiatrischen Spezialeinrichtungen ebenso berichtet wie über die «schlechte Lage älterer Menschen» in psychiatrischen Krankenhäusern.[27] Es fehlen gerontopsychiatrische Zentren, die Verteilung von gerontopsychiatrischen Tageskliniken ist ungleichgewichtig.[28]

- Die pflegerische Versorgung bietet kaum ein besseres Bild. Pflege ist nach wie vor in Ausbildung und Selbstverständnis eher somatisch ausgerichtet. Der Anteil der gerontopsychiatrisch erkrankten Bewohner ist in den letzten Jahren auf bis zu 75 % angewachsen. An diese Entwicklung haben sich die Heime nicht hinreichend angepasst; Defizite bestehen sowohl in konzeptioneller, per-

---

25 Wettstein, A. (2001): Demenz. In: Praxis, 90: 1725 ff. (Zahlen aus der Schweiz).

26 Peterson, R. C. (1995): Normal Aging, Mild Cognitive Impairment and Alzheimer Disease. In: The Neurologist, Vol 1, 6: 326.

27 Helmchen, H.; Kanowski, S. (2000): Gegenwärtige Entwicklung und zukünftige Anforderungen an die Gerontopsychiatrie in Deutschland. Expertise im Auftrag der Sachverständigenkommission «3. Altenbericht der Bundesregierung», Berlin.

28 BMFSFJ (2001): Alter und Gesellschaft. 3. Altenbericht. Stellungnahme der Bundesregierung, Berlin.

soneller und qualifikatorischer Hinsicht.[29] Eine längst überfällige Vereinheitlichung und an dem zu pflegenden Personenkreis orientierte Altenpflegeausbildung soll das Bundesaltenpflegegesetz vom 1. August 2003 leisten.

Eine Schlüsselfunktion für die Verbesserung der Versorgungssituation von Personen mit eingeschränkter Alltagskompetenz nimmt die künftige Formulierung des Pflegebedürftigkeitsbegriffs im SGB XI ein.

5.2 Pflegebedürftigkeit und Begutachtung im SGB XI

Wer Leistungen aus der Pflegeversicherung beziehen will, muss pflegebedürftig im Definitionssinne des SGB XI sein und einen Antrag am besten bei seiner Kranken- oder Pflegekasse stellen. Daraufhin beauftragt die Pflegekasse den Medizinischen Dienst der Krankenversicherung mit der Begutachtung ihres Versicherten. Der MDK führt die Begutachtung der Pflegebedürftigkeit in der häuslichen Umgebung des Antragstellers auf der Grundlage der Begutachtungs-Richtlinien der Spitzenverbände der Pflegekassen durch und teilt der Auftrag gebenden Pflegekasse das Ergebnis der Begutachtung mit. Die Pflegekasse unterrichtet den Antragsteller entweder in Form eines Ablehnungs- oder Leistungsbescheids über das (Nicht-)Vorliegen einer Pflegestufe. Angehörige von Menschen mit Demenz und Betroffenenorganisationen wie die Alzheimer Gesellschaft äußern immer wieder öffentlich ihre Unzufriedenheit mit dem Einstufungsergebnis der Pflegekassen bei Demenzkranken: Warum gelten die vielen Menschen, die an einer Demenz erkrankt sind und einen Antrag auf Leistungen der Pflegeversicherung gestellt haben, als nicht pflegebedürftig? Warum gehen sie bei der Pflegeversicherung leer aus? Vielfach wird in diesem kritisierten Kontext der MDK als Schuldiger ausgemacht und mit dem Vorwurf konfrontiert, er erkenne den Hilfebedarf und die damit zusammenhängende Belastung der Angehörigen von Demenzkranken nicht; insbesondere am Beginn der Erkrankung, weil er ansonsten eine (andere) Pflegestufe vergeben hätte. Die fachlich hoch qualifizierten Ärzte und Pflegefachkräfte des Medizinischen Dienstes als blind gegenüber dem Hilfebedarf von Menschen mit Demenz zu kritisieren, ist zwar aus der Unzufriedenheit der Betroffenen heraus verständlich, trifft jedoch die Arbeits- und Auftragssituation dieser Gutachter aufgrund der Verkennung der Voraussetzungen der Begutachtung von Pflegebedürftigkeit nicht. Dieses in der Begutachtungskritik zum Ausdruck kommende Paradoxon ist leichter erklärt als geändert: Die Pflegeversiche-

---

29 Landtag Nordrhein-Westfalen (2005): Situation und Zukunft der Pflege in NRW. Bericht der Enquetekommission des Landtags NRW, Düsseldorf: 83.

rung hat eine im Gesetz (in § 14 SGB XI) verankerte Definition von Pflegebedürftigkeit, die weder mit der landläufig laienhaften Auffassung noch mit der aus der beruflichen Pflege kommenden oder gar pflegewissenschaftlichen[30] Vorstellungen von Pflegebedürftigkeit etwas gemein hat. Die Gutachter des MDK haben sich bei der Begutachtung von Pflegebedürftigkeit an diese Definition von Pflegebedürftigkeit des SGB XI zu halten.

Der Pflegebedürftigkeitsbegriff des SGB XI

Pflegebedürftig nach dem SGB XI sind Personen, die wegen einer körperlichen, geistigen oder seelischen Krankheit oder Behinderung für die gewöhnlichen und regelmäßig wiederkehrenden Verrichtungen im Ablauf des täglichen Lebens auf Dauer voraussichtlich für mindestens sechs Monate in erheblichem oder höherem Maße der Hilfe bedürfen.

Als Krankheiten und Behinderungen gelten:

1. Verluste, Lähmungen oder andere Funktionsstörungen am Stütz- und Bewegungsapparat

2. Funktionsstörungen der inneren Organe oder der Sinnesorgane

3. Störungen des Zentralnervensystems wie Antriebs-, Gedächtnis- oder Orientierungsstörungen sowie endogene Psychosen, Neurosen oder geistige Behinderungen.

Für das Zentralnervensystem werden in Abweichung von der Systematik zu den Störungen im Bewegungsapparat, der inneren Organe und Sinnesorgane im Gesetz keine Funktionsstörungen benannt, sondern eine Auswahl von Symptomen und Diagnosen. Das entspricht nach Einschätzung von Höft «nicht (mehr) der derzeit anerkannten psychiatrischen Nomenklatur.»[31] In der Begutachtungspraxis sind die MDK-Gutachter gehalten, die Pflege begründende Diagnose anhand der internationalen Klassifikation der Krankheiten der WHO, ICD-10, im Gutachtenformular zu dokumentieren. Allerdings unterstellt dies, dass der Gutachter vor Ort auf eine ärztlich abgesicherte Diagnostik zurückgreifen kann,

---

30 Landtag Nordrhein-Westfalen (Hrsg.) (2005): Situation und Zukunft der Pflege in NRW. Bericht der Enquetekommission des Landtags Nordrhein-Westfalens. Düsseldorf: 29 ff.

31 Höft, B. (2000): Soziale Pflegeversicherung wird dem Hilfebedarf geronto-psychiatrisch Pflegebedürftiger nicht gerecht. In: Die BKK 4/2000: 163–166.

was gerade im Zusammenhang mit den demenziellen Erkrankungen nicht gewährleistet ist.[32]

In § 14 Abs. 3 SGB XI sind für *alle* Pflegebedürftigen gleichermaßen die verschiedenen Formen der Hilfeleistung definiert (Anleitung und Beaufsichtigung, Unterstützung, teilweise und vollständige Übernahmen von Verrichtungen des täglichen Lebens), die in die Findung der Pflegestufe eingehen müssen. Diese Hilfeformen müssen in einem oder mehreren der abschließend aufgezählten Bereiche vorliegen:

- im Bereich der Körperpflege das Waschen, Duschen, Baden, die Zahnpflege, das Kämmen, Rasieren, die Darm- und Blasenentleerung

- im Bereich der Ernährung das mundgerechte Zubereiten oder die Aufnahme der Nahrung

- im Bereich der Mobilität das selbstständige Aufstehen und Zu-Bett-Gehen, An- und Auskleiden, Gehen, Stehen, Treppensteigen oder das Verlassen und Wiederaufsuchen der Wohnung

- im Bereich der hauswirtschaftlichen Versorgung das Einkaufen, Kochen, Reinigen der Wohnung, Spülen, Wechseln und Waschen der Wäsche und Kleidung oder das Beheizen.

Bei der Begutachtung von Pflegebedürftigkeit hat der Gutachter des MDK ausschließlich das Vorliegen dieser Kriterien zu werten; diese dienen zur Ermittlung der Pflegestufen.

Woher Unmut und Kritik über das Begutachtungsergebnis bei Betroffenen und ihrer Interessenorganisationen rühren, wird deutlich, wenn man den qualitativen wie quantitativen Hilfebedarf eines Menschen mit Demenz zu Beginn seiner Erkrankung dem berücksichtigungsfähigen pflegerischen Aufwand bei den Verrichtungen des täglichen Lebens (nach SGB XI) gegenüberstellt. Menschen mit beginnender Demenz sind regelmäßig in der Lage, die in § 14 Abs. 4 SGB XI aufgelisteten Verrichtungen des täglichen Lebens entweder selbstständig oder nach Motivation und Anleitung durchzuführen. Nach den vorgegebenen Pflegebedürftigkeits- und Begutachtungskriterien weisen diese Demenzkranken also keinen vom Gutachter berücksichtigungsfähigen Hilfebedarf auf. Demgegenüber ist der

---

32 Zur Problematik der nicht gewährleisteten Diagnostik und Therapie bei Demenzkranken: Bundesministerium für Familie, Senioren, Frauen und Jugend (2002): Vierter Bericht zur Lage der älteren Generation, Berlin/Bonn: 175 ff.
Deutsches Zentrum für Altersfragen (Hrsg.) (2002): Hochaltrigkeit und Demenz als Herausforderung an die Gesundheits- und Pflegeversorgung. Expertisen zum Vierten Altenbericht der Bundesregierung. Band III. Hannover: 65 ff.

tatsächliche pflegerisch-betreuerische Aufwand in einem Haushalt mit einem an Demenz Erkrankten erheblich. Vielfach rund um die Uhr besteht ein sogenannter Beaufsichtigungs- und Betreuungsbedarf, um den Demenzkranken vor Eigen- und Fremdgefährdung zu schützen. Für diesen häufig auch in der Nacht (z. B. das sog. Sun-Downing bei Demenz oder die oft biografisch bedingte Tag-Nacht-Umkehr) auftretenden Hilfe- und Unterstützungsbedarf kennt das Pflegeversicherungsgesetz bisher keine diese Pflegebedürftigkeit definitorisch mit umfassenden Kriterien. Das ist der Grund, weshalb an einer Demenz Erkrankte in ihrem unzweifelhaft bestehenden, aber vom Gesetzgeber nicht anerkannten pflegerischen Hilfebedarf, im Gutachten des MDK nicht in leistungsrechtlich relevanter Weise berücksichtigt werden können; insbesondere zu Beginn und bis zum mittleren Stadium der Erkrankung oder bei bestimmten Formen der Demenz.

Der tatsächliche Hilfebedarf von Menschen mit Demenz bezieht sich also sowohl auf die genannten Verrichtungen des täglichen Leben (nach § 14 Abs. 4 SGB XI) als auch auf die Fähigkeiten zur allgemeinen Lebensführung. In der Realität zeigt sich vielfach, dass die Schwere des hierdurch entstehenden Hilfebedarfs bei den vom MDK-Gutachter berücksichtigungsfähigen Verrichtungen des täglichen Lebens dabei oft in einem Missverhältnis steht zum nichtberücksichtigungsfähigen Hilfebedarf im Hinblick auf die Alltagskompetenz.

Diese legaldefinitorische Festlegung bleibt nicht ohne Folgen für die pflegerische Versorgung. Denn professionelle Pflege fokussiert neben körperlichen Aspekten des täglichen Lebens auch die psychischen, seelischen und sozialen.

Psychosoziale und kognitive Funktionsbeeinträchtigungen und die daraus entstehenden Hilfebedarfe bleiben bei der SGB XI geprägten verkürzten Beschreibung von Pflegebedürftigkeit unberücksichtigt. Die nachfolgend aufgezählten typischen Hilfe- und Unterstützungsbedarfe bei Menschen mit Demenz stellen jedoch keine Kriterien für Pflegebedürftigkeit nach dem SGB XI dar:

- gezielt kommunizieren
- Beziehung aufnehmen, aufrechterhalten und beenden
- mit Problemen und Realitäten des Alltags umgehen
- am sozialen Leben teilhaben
- den Tagesablauf strukturieren
- sich orientieren und informieren
- persönlichen Besitz verwalten
- wohnen

- seine Rechte wahren, seine Pflichten erfüllen

- die eigene Sicherheit sicherstellen

- mit Schmerzen und Angst umgehen.

Unberücksichtigt bleiben bei der Pflegestufenbestimmung weiterhin die spezifischen pflegerischen Aspekte der Prävention und der aufwendigen und sensiblen Begleitung im Sterbeprozess.

Um Missverständnissen insbesondere aus der Pflegewissenschaft vorzubeugen, sei hier darauf hingewiesen, dass der Pflegebedürftigkeitsbegriff im Sozialrecht nicht nur anders inhaltlich ausgestaltet ist, sondern auch eine andere Bedeutung hat als im pflegewissenschaftlichen Diskurs. Er dient im pflegefachlichen Verständnis als theoretische Grundlage dafür, die von der zu pflegenden Person die nicht mehr selbstständig und ohne Fremdhilfe durchführbaren Aktivitäten als Beeinträchtigungen systematisch zu erfassen, um daraus den Hilfebedarf abzuleiten und konkrete pflegerische Maßnahmen zu planen. Im sozialrechtlichen Kontext ist er die Zugangsformel zu den Sozialleistungen. Im Bereich der Pflegeversicherung dient der Pflegebedürftigkeitsbegriff der §§ 14 ff. SGB XI dazu, die knappen Transfermittel dieses Teilleistungsgesetzes gerichtsfest so zu verteilen, dass eine rechtsstaatliche Kontrolle möglich ist. Dabei ist auf die Reliabilität des in der Begutachtung von Pflegebedürftigkeit zur Anwendung kommenden Begutachtungsverfahrens besonderer Wert zu legen, weil dadurch sichergestellt wird, dass die Pflegebedürftigen unabhängig von der Person des Gutachters nach einheitlichen Kriterien begutachtet werden. Um in der Anwendung des Bundesgesetzes SGB XI zu einheitlichen Entscheidungen bei vergleichbaren Unterstützungslagen zu kommen, ist in der Begutachtung von Pflegebedürftigkeit auch Wert zu legen auf ein bundesweit einheitliches Verfahren und auf Gutachter, die nach identischen Kriterien qualifiziert sind.

5.3 Pflegeleistungen für Personen mit eingeschränkter Alltagskompetenz im ambulanten Bereich

Richtigerweise werden diese Betroffenen seit Einführung des Pflegeleistungsergänzungsgesetzes vom 1. Januar 2002 in § 45a SGB XI als «Personen mit erheblich eingeschränkter Alltagskompetenz» bezeichnet. Mit dieser Begrifflichkeit soll verdeutlicht werden, dass nicht nur geronto-psychiatrisch verhaltensauffällige Personen (z. B. Menschen, die im Anfangs- oder mittleren Stadium der Alzheimer-Demenz leiden), die ihren Unterstützungsbedarf durch ihr aktives Verhalten einfordern, in den Leistungsbezug des SGB XI gehören, sondern auch Menschen,

die zum Beispiel aufgrund einer chronischen Depression still leiden und gegenüber ihrer Umwelt eher passiv und weniger fordernd sind. Diese Personen und
deren Angehörige haben ebenfalls einen vielfach hohen Hilfebedarf und densel-
ben Anspruch auf Unterstützung, pflegerische Hilfe und Betreuung wie die Personen, deren Verhalten neuerdings als herausfordernd bezeichnet wird. Soweit
die Funktionseinschränkungen dieser Personen die Körperpflege, die Ernährung,
die Mobilität und die Hauswirtschaft betreffen, werden sie bereits heute bei der
Bewertung des Pflegebedarfs nach dem SGB XI berücksichtigt. Die neu eingefüg-
ten Normen von § 45a ff. SGB XI formulieren als Leistungsvoraussetzungen, dass
es sich bei Personen mit erheblich eingeschränkter Alltagskompetenz um Menschen mit demenzbedingten Fähigkeitsstörungen, mit geistigen Behinderungen
oder psychischen Erkrankungen und gutachterlich mindestens Pflegestufe I handeln muss. Auch hier also ein Filter, der die spezifischen Hilfebedarfe der
beschriebenen Funktionsstörungen und Krankheitsbilder nur in Verbindung mit
einer bereits vorhandenen Pflegestufe und die damit körperbezogenen Verrichtungen des täglichen Lebens anerkennt.

Die leistungsrechtliche Ausgestaltung durch § 45b f. SGB XI sieht für den «be-
rechtigten Personenkreis» 460 € im Jahr für zusätzliche qualitätsgesicherte
Betreuungsleistungen vor. Die Realität der Inanspruchnahme dieser Leistungen
ist nach der Statistik des BMG[33] ernüchternd: Von den jährlich zur Verfügung stehenden 500 Millionen € wurden im Jahr 2003 gerade mal 10 Millionen € und in
den Jahren 2004 und 2005 jeweils 20 Millionen € abgerufen. Das bedeutet umge-
rechnet auf die Zahl der Versicherten: Pro Jahr nehmen rund 45 000 Personen mit
erheblich eingeschränkter Allltagskompetenz diese Leistungen in Anspruch. Geht
man davon aus, dass von den 1,3 Millionen ambulant pflegebedürftigen Leis-
tungsempfängern ungefähr ein Drittel Personen mit erheblich eingeschränkter
Alltagskompetenz sind, stellt sich die Frage nach den Gründen, warum von ca.
400 000 Menschen nur knapp 12 % einen Antrag auf diese Leistungen gestellt
haben. Die quasi Leistungsverweigerung dürfte im Umstand begründet liegen,
dass die Bundesregierung eine zusätzliche Leistung insbesondere für Menschen
mit Demenz im SGB XI anbietet, für die es flächendeckend keine Infrastruktur
gibt. Und: Einerseits ist die Höhe der Leistung für die Betroffenen und ihre Angehörigen zu niedrig, um sich die intendierte Entlastung auf dem bestehenden Pflegemarkt einkaufen zu können. Andererseits versprechen sich offensichtlich mögliche Anbieter solcher sogenannter niedrigschwelliger Angebote (§ 45c SGB XI)
bei einer derart sparsam ausgestatteten Leistung und bei entsprechend schlep-

---

33 http://www.bmg.bund.de/cln_040/nn_604244/DE/Themenschwerpunkte/Pflegeversiche-
rung/Zahlen-und-Fakten/zahlen-und-fakten-node,param=.html__nnn=true; pdf-Datei:
Finanzentwicklung; 16.11.2006.

pend in Gang kommenden Entwicklungsmaßnahmen der Länder und Kommunen kein Geschäft, weil entweder die Leistungshöhe und/oder die finanziellen Fördermittel für sie keine hinreichenden Anreize zum Ausbau einer entsprechenden Infrastruktur darstellen. Es ist Aufgabe der Politik, gesetzlich die Rahmenbedingungen so zu setzen, dass die politisch erwünschten und medizinisch-pflegerisch für notwendig befundenen Pflege- und Betreuungsleistungen zur Bedarfs- und Bedürfnisdeckung von Menschen mit Demenz sich für die in Frage kommenden Dienstleister (durchaus auch im vielfach diskutierten Wohlfahrtsmix) betriebswirtschaftlich rechnen.

5.4 Personen mit erheblich eingeschränkter Alltagskompetenz im SGB XI

Eine frühere Studie[34] des MDS zeigt, dass bei Personen mit eingeschränkter Alltagskompetenz für die Bereiche Körperpflege, Ernährung und Mobilität ein erhöhter Bedarf an grundpflegerischen Hilfen und Unterstützung durch die Gutachter der Medizinischen Dienste Berücksichtigung findet. Dies unter Zugrundelegung der Begutachtungsrichtlinien bei den regelmäßig wiederkehrenden Verrichtungen des täglichen Lebens. Vor allem für die Hilfeformen «Anleitung», «Beaufsichtigung» und «Unterstützung» sind bei dem genannten Personenkreis höhere Pflegezeiten dokumentiert. Bezogen auf die vom Gesetzgeber abschließend aufgezählten Verrichtungen des täglichen Lebens bildet sich der erhöhte Versorgungsaufwand von Menschen mit Demenz und Personen mit eingeschränkter Alltagskompetenz bereits heute beim somatisch ausgerichteten Pflegebedürftigkeitsbegriff im SGB XI durchaus pflegestufenrelevant im Gutachten ab.[35] Das setzt allerdings voraus, dass diese Personen bedingt durch ihre Krankheitsprogression diesen körperbezogenen Hilfebedarf auch haben. Berücksichtigt wird also nicht der krankheitsspezifisch auftretende hohe Hilfebedarf insbesondere zu Beginn und im mittleren Stadium der Demenzerkrankung, sondern der erst im weiteren Krankheitsfortschritt auftretende Hilfebedarf in den 21 somatischen Verrichtungen des täglichen Lebens, die in § 14 SGB XI als abschließende Leistungszugangskriterien aufgelistet sind.

Zu vergleichbaren Aussagen gelangt eine Berliner Studie bezogen auf stationär versorgte Pflegebedürftige: «Eine erhebliche Unterversorgung von Personen mit psychischen Störungen kann nach Einführung des Pflegeversicherungsgesetzes

---

34 Wagner, A.; Lürken, L.: Pflegebericht des Medizinischen Dienstes. Berichtszeitraum 1998. Zu beziehen bei: MDS 45114 Essen.

35 a. a. O., S. 86.

nicht unterstellt werden, denn der überwiegende Teil der in (die) Untersuchung einbezogenen Senioren mit schweren psychischen Störungen ist infolge der Multimorbidität auch körperbezogen pflegebedürftig und benötigt demzufolge körperbezogene Pflege, für die eine entsprechende Pflegestufe gewährt wird.»[36] Allerdings wird in dieser Studie der Gesichtspunkt nicht thematisiert, dass gerade Menschen mit hirnorganisch bedingten Funktions- und Aktivitätsbeeinträchtigungen erst mit einem ausgeprägten Hilfebedarf in ein Pflegeheim einziehen und zu diesem Zeitpunkt gerade die somatisch bedingten Beeinträchtigungen zur Pflegebedürftigkeit im Sinne des SGB XI führen. Die für das Frühstadium der Demenz typischen Hilfe- und Pflegebedarfe werden in der Begutachtung von Pflegebedürftigkeit solitär auch im Heim nicht berücksichtigt.

Eines wird damit deutlich: Menschen mit Demenz und andere Personen mit psychiatrisch bzw. hirnorganisch bedingter erheblich eingeschränkter Alltagskompetenz gelangen regelmäßig (erst) dann in den Genuss von Pflegeversicherungsleistungen, wenn ihr körperlicher Abbau so weit fortgeschritten ist, dass sie einen Hilfebedarf in den vom § 14 SGB XI abschließend aufgezählten Verrichtungen des täglichen Lebens haben. Der spezifische Hilfebedarf dieses Personenkreises wird vom Pflegebedürftigkeitsbegriff des Pflegeversicherungsgesetzes nicht erfasst. Oder anders formuliert: Für die in Ihrer Anzahl am schnellsten wachsenden Gruppe der Pflege-, Hilfe- und Unterstützungsbedürftigen wird die pflegeversicherungsrechtliche Versorgungslücke immer größer.

5.5 Der Teilleistungscharakter der Pflegeversicherung

Das SGB XI grenzt bereits über die somatisch definierte Pflegebedürftigkeit in § 14 SGB XI den Leistungszugang zu diesem Sozialversicherungszweig ein auf Pflegebedürftige, die unter dieser selektierenden Definition subsummierbar sind. Als leistungserschließende Voraussetzung ist Pflegebedürftigkeit begrenzt auf das Vorliegen von Funktionsbeeinträchtigungen in den selektiv körperbezogenen Verrichtungen des täglichen Lebens von § 14 Abs. 4 SGB XI. Die Pflegeversicherung setzt bereits in ihrem Leistungsvoraussetzungen formulierenden Teil (§ 14 Abs. 4 SGB XI) Zugangsfilter. Der Leistung gewährende Teil (§§ 36 ff. SGB XI) der Pflegeversicherung ergänzt mit den dort für die jeweiligen Pflegestufen beschriebenen, nach oben hin plafondierten (gedeckelten) Leistungsbeträgen in

---

36 Gutzmann, H.; Metzler, P.; Schmidt, K.-H. (2000): Werden psychische Erkrankungen in der Vergabe von Pflegestufen nach dem Pflegeversicherungsgesetz hinreichend berücksichtigt? In: Zeitschrift für Gerontologie und Geriatrie, 33 (494): 488.

Euro diese Teilleistungsphilosophie. Die Pflegeversicherung ist ein in mehrfacher Stufung auf Teilleistung basierender wie auch darauf abzielender Sozialversicherungszweig.

Ein weiterer Aspekt, der auf den eingeschränkten Pflegebedürftigkeitsbegriff zurückzuführen ist, blieb bislang in der fachpolitischen Diskussion um die Zukunft von Pflege weitgehend ausgeklammert: Die politische Idee der Pflegeversicherung beinhaltet den beschriebenen, mehrfach gestuften Gedanken der Teilleistung mit dem Ziel der Bürgerbeteiligung an der praktischen Pflege wie an den Pflegekosten. Die Pflegeversicherung erhebt durch den MDK die Pflegebedürftigkeit und beschreibt deren Schweregrad in Pflegestufen. Die Pflegestufe wird – wie beschrieben – ermittelt auf Grundlage einer Definition von Pflegebedürftigkeit, die gedanklich bereits auf einer, weil rein selektiv somatisch ausgerichteten, leistungsrechtlichen Rationierung von Pflege beruht. Der Fortgang der Idee der Teilleistung erfolgt in zwei weiteren Schritten: Je nach festgestellter Pflegestufe hat der Pflegebedürftige Anspruch auf einen Geld- oder Sachleistungsbetrag, der als Teilleistung der Pflegeversicherung zu seinem (von der professionellen Pflege) erst noch zu ermittelndem Gesamtbedarf an Fremdhilfe zu verstehen ist. Die Differenz zwischen dem von der Pflegeversicherung finanzierten Teilleistungsbetrag und dem erst noch zu ermittelndem Gesamtaufwand an pflegerisch erforderlichen Leistungen soll der Pflegebedürftige entweder selbst aus eigenen Mitteln oder, bei Vorliegen der Voraussetzungen, der Sozialhilfeträger erbringen. Soweit zur Idee der Teilleistung im Bereich der Kostenaufteilung.

Die über zehnjährige Praxis der Pflegeversicherung zeigt, dass sowohl im ambulanten wie im stationären Bereich eine große Anzahl von Versicherten nicht in der Lage oder nicht bereit ist, eine über den Leistungsbetrag der Pflegeversicherung hinaus gehende Geldsumme für ihre Pflege auszugeben. Aus dem ambulanten Bereich wird berichtet, dass vielfach die Haushalte mit einem Pflegebedürftigen nur die von der Pflegeversicherung refinanzierte «Teil-Leistung» abfordern. Sofern bei Inanspruchnahme von Geld- oder auch Sachleistung die Pflege innerhalb der Familie oder der Nachbarschaft abgedeckt wird, entspricht dies dem vom Gesetzgeber intendierten Modell und ist vorteilhaft für die Versorgungssituation des Pflegebedürftigen. Bezogen auf die Sachleistung ist es der Idealfall, dass die Pflege im primären Versorgungsnetz der Familie stattfindet, gegebenenfalls in einem Pflegemix aus professioneller und familialer Hilfeleistung. Zu solchen Formen der Koproduktion von Pflege kommt es jedoch nicht in Pflegearrangements, in denen pflegende Angehörige, Nachbarn oder andere nicht mit eingebunden werden (können). Das ist dann der Fall, wenn es Angehörige entweder gar nicht gibt, sie weit entfernt vom Pflegebedürftigen wohnen oder es ihnen durch andere tatsächliche Gegebenheiten (z. B. kleine Wohnung) erschwert ist, pflegerisch tätig zu werden.

Nicht nur bei diesen auf sich allein gestellten Pflegebedürftigen sind mittlerweile Angebote von Pflegeplanungs- und Dokumentationsherstellern im Einsatz, deren Produkte ausschließlich auf Basis der im SGB XI genannten Verrichtungen des täglichen Lebens zulassen, die Pflege zu planen und dokumentieren. Dass damit das Tor zur pflegerischen Mangelversorgung offen steht, muss angesichts der Berücksichtigungslücke des Pflegebedarfs gerade von Menschen mit Demenz nicht im Detail beschrieben werden. Und Angehörige können in solchen Konstellationen, weil es sie nicht gibt, nicht kompensatorisch einspringen. Bei Personen, die derart teilleistungsorientiert (unter-)versorgt werden, besteht ein erhöhtes Risiko vorzeitiger und vermeidbarer Institutionalisierung in einem Pflegeheim. Mit einer professionell umfassenden pflegerischen Sicht des zu Pflegenden und einem professionellen Selbstverständnis im tradierten Sinn hat eine solche reduktionistische Entwicklung nichts mehr gemein. Mit einer Revision des Pflegebedürftigkeitsbegriffs kann man solchen Tendenzen entgegenwirken, wenn man nicht tatenlos mit ansehen will, wie die hehren Programmsätze des SGB XI (in § 8 Abs. 2 SGB XI ist von einer neuen Kultur des Helfens, in § 2 von der Würde des Menschen die Rede) durch die Praxis konterkarriert wird. Die Formulierung eines erweiterten Pflegebedürftigkeitsbegriffs im SGB XI eröffnet die Möglichkeit, die jeweilige Abhängigkeit von pflegerischer Fremdhilfe zu erheben, losgelöst von der Fragestellung, ob die Pflegeversicherung diesen Bedarf auch zu finanzieren hat. Für den Betroffenen wäre es wünschenswert und am wenigsten belastend, wenn nur *ein* Gutachterdienst den Gesamtbedarf während *eines* Hausbesuchs erhebt. Im Sinne einer Träger übergreifend handelnder Gesundheits- und Sozialverwaltung wäre es zweckrational und ökonomisch, wenn die Hilfe- und Pflegebedürftigkeit beim Betroffenen nur einmal und dann aber umfassend erhoben würde und die Erkenntnisse den in Verantwortung stehenden Sozialleistungsträgern zugänglich gemacht werden. Die jeweilige Kostenträgerschaft wäre in einem anschließenden, weiteren Schritt zu klären, das Verfahren dafür verbindlich für alle Beteiligten festzuschreiben. Im Anschluss an eine Begutachtung wäre dann mit dem Betroffenen, seiner Familie und dem weiteren sozialen Umfeld abzuklären, welche Hilfen erforderlich und erwünscht sind, wer welche Hilfen tatsächlich erbringen kann (Familienmitglieder, Nachbarn, Freiwillige, Pflegedienst etc.) und wer sie letztlich bezahlt.

Nicht zuletzt wegen des gerne strapazierten soziodemografischen Wandels wird gerade in diesem Segment der sozialversicherungsrechtlichen Absicherung des Alters politischer Handlungsbedarf gesehen. Es geht nicht nur um die Pflegekosten des SGB XI, sondern auch um den Aufbau von neuen Unterstützungspfaden: Bei gleichzeitig zunehmender Singularisierung im Alter und nicht mehr wie in der Vergangenheit belastbarem familialem Netzwerk geht es verstärkt um den Aufbau Familien entlastender und Familien ersetzender Strukturen (z. B. den

Aufbau von «neuen Nachbarschaften» nach Prof. Dörner) gerade für die Wechselfälle des Lebens im Alter. Die Erfahrung zeigt: Solange der Gesetzgeber hier keine für alle Beteiligten verbindlichen Infrastruktur bildenden Maßnahmen formuliert, wird sich der sogenannte «Pflegemarkt» aus freien Stücken oder besserer Einsicht dazu nicht formieren.

5.6 Der erweiterte Pflegebedürftigkeitsbegriff (nach dem Papier der AG II des Bundespflegeausschusses vom 10. Juni 2002)

Die hier getroffenen Feststellungen gibt es als kritische Anmerkungen zur Pflegeversicherung bereits seit einiger Zeit. Das SGB XI steht schon seit seinem Bestehen in der Kritik, einem gewichtigen Teil der insbesondere alten Menschen, die der Pflege und Unterstützung bedürfen, vom Leistungsbezug auszuschließen bzw. zu benachteiligen. Der Grund dafür wird im gerade dargestellten, vom Gesetzgeber gewählten Pflegegebedürftigkeitsbegriff von § 14 Abs. 4 SGB XI gesehen, weil dort nur der somatisch bedingte Teil des pflegerischen Bedarfs als Voraussetzung zum Zugang zu Leistungen der Pflegeversicherung abgebildet werde.

Diese Kritik am bestehenden Pflegebedürftigkeitsbegriff des SGB XI wurde bereits im Jahr 2002 in einer Arbeitsgruppe beim Bundespflegeausschuss konstruktiv gewendet, in dem ein Vorschlag zu einem «erweiterten Pflegebedürftigkeitsbegriff» und den sich daraus ergebenden leistungsrechtlichen Konsequenzen unterbreitet wurde. Im Bundespflegeausschuss wurde kein Einvernehmen über diesen Pflegebedürftigkeitsbegriff erzielt. Denn insbesondere Vertreter der örtlichen und überörtlichen Sozialhilfeträger formulierten Befürchtungen, wonach bereits die Forderung eines derart erweiterten Pflegebedürftigkeitsbegriffs Begehrlichkeiten nach einer Leistungsausweitung wecken könnten. Die Befürchtungen sind zwar bis heute nicht eingetreten, werden als solche dennoch weiterhin ventiliert.

«Der Begriff der Pflegebedürftigkeit orientiert sich in Analogie zum SGB IX an den Defiziten zur Teilhabe am gesellschaftlichen Leben. Menschen wären demnach pflegebedürftig, wenn ihre körperliche Funktion, geistige Fähigkeit oder seelische Gesundheit mit hoher Wahrscheinlichkeit länger als sechs Monate von dem typischen Zustand abweichen, ihre Teilhabe am Leben in der Gesellschaft daher beeinträchtigt ist, und sie auf Dauer der Hilfe und Pflege bedürfen.

Die Beeinträchtigungen und der daraus resultierende Hilfebedarf werden anhand der Bereiche

- Verrichtungen des täglichen Lebens aus den Gebieten der Körperpflege, Mobilität, Ernährung und hauswirtschaftlichen Versorgung

- Aktivierungs-, Beaufsichtigungs- und Betreuungsaufwand *(sowohl bezogen auf die Verrichtungen des täglichen Lebens als auch außerhalb der Verrichtungen)

- Bedarf an behandlungspflegerischen Maßnahmen

- Fähigkeit zu kommunizieren und Bedarf an sozialer Betreuung

festgestellt (*durch diesen Bereich soll insbesondere der Hilfebedarf gerontopsychiatrisch veränderter Menschen einbezogen werden).

Darüber hinaus bedarf der Vorrang der Rehabilitation vor Pflege und der Grundgedanke der Prävention von Pflegebedürftigkeit einer stärkeren Verankerung. Insbesondere die Prüfung von Möglichkeiten der Rehabilitation ist stärker im Verfahren der Feststellung von Pflegebedürftigkeit zu verankern.

Eine Erweiterung des Pflegebegriffs erzeugt die Notwendigkeit, ein neues Begutachtungsinstrumentarium zur Feststellung von Pflegebedürftigkeit zu schaffen. Im Rahmen des zukünftigen Begutachtungsverfahrens ist ein umfassender Status der Beeinträchtigungen über alle oben genannten Bereiche zu erheben.»

Dieser Pflegebedürftigkeitsbegriff hat in nahezu allen weiteren politischen Diskussionen, die sich um eine Einbeziehung von Menschen mit Demenz in den Leistungskatalog der Pflegeversicherung drehten, eine grundlegende Rolle gespielt (ungeachtet dieser im Bundespflegeausschuss nicht konsentierten Überlegungen). Und es mehren sich die Stimmen, die sich dieser Stellung annähern. Namhafte Verantwortungsträger im Bereich der Pflegeversicherung haben sich inzwischen dezidiert für eine Erweiterung des Pflegebedürftigkeitsbegriffs und für die Schaffung eines dazu passenden Begutachtungsverfahrens ausgesprochen. So beschreibt der zuständige Abteilungsleiter im Bundesministerium für Gesundheit, Franz Knieps:[37] «Mittelfristig wird eine grundlegende Überarbeitung des Pflegebedürftigkeitsbegriffs im SGB XI angestrebt, der auch den allgemeinen Beaufsichtigungs- und Betreuungsbedarf dieses Personenkreises [Menschen mit erheblich

---

37 Knieps, F. (2005): Gedanken zur Reform der Pflegeversicherung. In: GGW 4/2005: 26 ff.

eingeschränkter Alltagkompetenz – U. B.] berücksichtigt. Die Feststellung der Pflegebedürftigkeit soll sich künftig nicht mehr an Zeitwerten orientieren. Damit würde auch der Kritik der Boden entzogen, es ginge in der Pflegeversicherung nur um ‹Minutenpflege›.» In dieselbe Richtung geht die Forderung der Ersatzkassenverbände vom 7. Juli 2005:[38] «Um den Bedürfnissen der an Demenz und an Alzheimer erkrankten Menschen besser gerecht zu werden, kommt man an einer Neudefinition des Begriffs der Pflegebedürftigkeit über die bisherige, rein somatische Begrenzung nicht vorbei. Neben den Verrichtungen des täglichen Lebens sind auch die Bereiche der sozialen Betreuung mit einzubeziehen. Dazu wird ein neues Begutachtungsassessment beim MDK erforderlich, welches alle relevanten Hilfebedarfe berücksichtigt und in einen umfassenden Hilfeplan einmündet.» Angesichts der zunehmenden Zahl der demenzbedingt Pflegebedürftigen «müssen wir den Begriff der Pflegebedürftigkeit über körperliche Hilfebedürftigkeit hinaus verstärkt auch auf die geistigen und psychischen Einschränkungen ausdehnen und damit insbesondere die soziale Betreuung bei Demenzkranken in die Pflegeversicherung mit einbeziehen. Ich weiß, dass dies auch mehr Geld kostet. Der MDK hat aufgrund der derzeitigen rechtlichen Vorgaben wenig Definitionsspielraum. Deshalb brauchen wir eine Erweiterung des Pflegebedürftigkeitsbegriffs, ohne ihn zu verwässern.»[39]

Der Vorstand des BKK-Bundesverbandes formulierte anlässlich des BKK-Pflegetages am 5. April 2006: «Die Spitzenverbände der Pflegekassen bereiten sich gemeinsam mit ihrem Medizinischen Dienst darauf vor und werden voraussichtlich in der zweiten Hälfte dieses Jahres beginnen, einen erweiterten Pflegebedürftigkeitsbegriff in einem entsprechenden Begutachtungsverfahren zu testen.»[40]

Der «ganzheitliche Pflegebegriff [...] sieht die Einführung eines umfassenden Pflegebegriffs für alle Leistungsträger vor. Grundlage des veränderten Pflegebegriffs ist es, sowohl die körperbezogenen Fähigkeiten/Einschränkungen, die gerontopsychiatrischen Fähigkeiten/Einschränkungen, den dauerhaften Bedarf an medizinischer Behandlungspflege und die Fähigkeiten/Einschränkungen in der Kommunikation und sozialen Teilhabe einzubeziehen. Der Vorteil besteht darin, dass ihm ein umfassendes Pflegeverständnis zu Grunde liegt, das alle Dimensionen der Pflegebedürftigkeit umfasst. Von Vorteil ist weiter, dass die Prüfung, ob

---

38 Wesentliche Positionen der Ersatzkassen zur Reform und Weiterentwicklung der Pflegeversicherung, Statement von Margret Mönig-Raane, Verbandsvorsitzende des VdAK anlässlich der Pressekonferenz am 7.7.2005. In: (Download vom 6.5.2006): http://www.vdak.de/presse/presseerklaerungen/vdak_aev_pe/pe_vdakaev_20050707/index.htm.

39 Lang, A, MdL Saarland. In: bpa magazin, 2005 (1): 9 ff.

40 Voß, K.-D. (2006): Soziale Pflegeversicherung zukunftsfähig gestalten. In: Die BKK 4/2006: 167 ff.

rehabilitative Maßnahmen und Maßnahmen der Hilfsmittelversorgung angezeigt sind, stärker in das Begutachtungsprozedere integriert werden kann. Der Nachteil gegenüber anderen Modellen besteht darin, dass die Einführung eines ganzheitlichen Pflegebegriffs nicht so schnell umgesetzt werden kann. Der ganzheitliche Pflegebegriff erfordert ein neues Begutachtungsassessment und eine Neujustierung der Pflegestufen. Körperbezogene und gerontopsychiatrische Hilfebedarfe müssen in ein neues Verhältnis gebracht werden.»[41] Die Entwicklung eines Begutachtungsinstruments auf der Grundlage eines erweiterten Pflegebedürftigkeitsbegriffs benötigt von den Fachdisziplinen einen übergreifenden Sachverstand erfahrener Pflegegutachter, Theorie geleiteter Wissenschaft und verantwortungsbewusster Pflegepolitik. Zudem bedarf es ausreichender Zeit, um ein solches Verfahren gründlich zu erproben und zu evaluieren.

Die Erweiterung des Pflegebedürftigkeitsbegriffs im SGB XI mit dem Ziel einer umfassenden Erhebung objektiver Bedarfe und subjektiver Bedürfnisse wird sich auch am bereits im SGB IX formulierten Begriff der Teilhabe im Sinne von Einbezogensein in elementare Lebensbereiche orientieren. Darin kann die Chance liegen, die bislang bezüglich der pflegerischen Versorgung der Betroffenen vielfach dysfunktional wirkende Segmentierung und Fragmentierung der Leistungssysteme zu überwinden. In einem sich an die Assessment gestützte Bedarfsfeststellung anschließenden individuellen Aushandlungsprozess der notwendigen Leistungen (ggf. auch durch Einbeziehung von Case Managern) kann es dann im Zusammenwirken mit dem Betroffenen und seinem Versorgungsnetz eine individuelle Leistungsgestaltung im Sinne einer für alle Beteiligten gleichermaßen verbindlichen wie flexiblen Hilfeplanung geben. Auch die Leistungsgewährung eines solchen Systems kann individueller als bisher gestaltet werden. Die positiven Erfahrungen in der Behindertenhilfe können auch im Bereich der Langzeitpflege des SGB XI fruchtbar gemacht werden, wo sie individuell passen (so sind fallweise Budgetlösungen wie auch Leistungspaketangebote denkbar). Allerdings würde dies die Verabschiedung von fürsorglich paternalistischen Bedarfszuschreibungen bedeuten. Individuell angepasste Teilhabe wird hier auch in dem Sinne verstanden, dass die Betroffenen und ihre Familien von Anfang an als Partner in einen von ihnen mitbestimmten und mitgestalteten Hilfeleistungsmix eingebunden werden.

In die politische Diskussion um den Pflegebedürftigkeitsbegriff des SGB XI ist inzwischen Bewegung geraten: Bereits in der Antwort auf die kleine Anfrage einiger Abgeordneter der CDU/CSU-Fraktion vom 27. Mai 2004 erklärt sich die Bundesregierung zum «zu somatisch» ausgerichteten Pflegebedürftigkeitsbegriff in

---

41 Pick, P. (2006): Strukturelle Weiterentwicklung der Pflegeversicherung ist nötig. In: Die BKK 4/2006: 190 ff.

der Pflegeversicherung. «Dies bedeutet, dass der besondere Betreuungsbedarf von Menschen mit demenzbedingten Fähigkeitsstörungen, mit geistigen Behinderungen oder psychischen Erkrankungen derzeit noch nicht ausreichend berücksichtigt wird. Nach Auffassung der Bundesregierung sollte der besondere Betreuungsbedarf von Menschen mit eingeschränkter Alltagskompetenz zukünftig stärker bei der Einstufung in eine Pflegestufe berücksichtigt werden.

«Mittelfristig» wird eine grundlegende Überarbeitung des Pflegebedürftigkeitsbegriffs angestrebt, das heißt die Entwicklung eines Assessments, bei dem die Feststellung der Pflegebedürftigkeit sich nicht mehr nur an den heute zu berücksichtigenden Hilfebedarfen und Zeitwerten orientieren würde. Die Entwicklung eines solchen überzeugenden Assessments, das auch neue Eintrittsschwellen für die einzelnen Pflegestufen notwendig machen würde, wird länger dauern, da dieses Feststellungsverfahren nach seiner Entwicklung erst noch zuverlässig in der Praxis erprobt werden müsste, um Finanzierungsrisiken für das System der Pflegeversicherung auszuschließen. Insofern wäre die Erweiterung des Pflegebedürftigkeitsbegriffs in Verbindung mit der erfolgreichen Entwicklung eines überzeugenden Assessments einem späteren Reformschritt vorzubehalten.»[42]

Laut Protokoll der 82. Arbeits- und Sozialministerkonferenz vom November 2005 in Bremen, ist «der rein verrichtungsbezogene Pflegebedürftigkeitsbegriff des SGB XI [...] seit längerer Zeit vielfältiger Kritik ausgesetzt. Auch die «minutenbasierte» Einstufung durch den MDK ist immer wieder Gegenstand von Diskussionen, gerade was die Zielgenauigkeit der Einstufung betrifft. Eine Überarbeitung des Pflegebedürftigkeitsbegriffs ist mittelfristig erforderlich. Parteiübergreifend wird die Forderung erhoben, den Betreuungsbedarf von an Demenz erkrankten Menschen entsprechend zu berücksichtigen. Um der Forderung nach einer sachgerechten Einbeziehung dementer Menschen Rechnung zu tragen, ist der Pflegebedürftigkeitsbegriff zu überarbeiten und ein geeignetes Assessmentsystem zu erproben, das beispielsweise mit Punkten arbeitet und durch die Möglichkeit der Gewichtung eine differenziertere und zielgenauere Einstufung ermöglicht. Eine zeitnahe Prüfung geeigneter Einstufungskonzepte, die auch eine Einbeziehung von Demenzkranken in die Leistungen der Pflegeversicherung ermöglichen, ist dringend angezeigt.»[43]

Den vorläufig letzten Entwicklungsschritt in diese Richtung markiert die Einrichtung einer hochkarätigen Arbeitsgruppe durch das BMG vom Oktober 2006. Verbände und Wissenschaftler sind zur Mitwirkung in diesem neuen Beirat zur Überprüfung des Pflegebedürftigkeitsbegriffs im Zusammenhang mit einem

---

42 BtDrucksache 15/3121 vom 27.05.2004.
43 http://www.pflegeausbildung.de/links/Ministerkonferenz_zur_Weiterentwicklung_der_Pflegeberufe.pdf Zugriff: 12.11.2006.

neuen Begutachtungsverfahren aufgefordert. Entsprechend der Vorgabe des Koalitionsvertrages entwickelt das Bundesministerium für Gesundheit Entscheidungsgrundlagen für eine Überarbeitung des Pflegebedürftigkeitsbegriffs und des Begutachtungsverfahrens in der Pflege. Am Ende dieses Prozesses will die Bundesministerin dem Deutschen Bundestag einen Vorschlag hierzu vorlegen. Dabei soll geklärt werden, wie sich die Änderung vor allem finanziell auf die Pflegeversicherung und/oder andere Sozialleistungsbereiche auswirkt. In Abstimmung mit dem Bundesministerium für Gesundheit und dem Beirat führen die Spitzenverbände der Pflegekassen dazu ein umfangreiches Modellprojekt durch. Der Beirat soll nicht nur über die Projektfortschritte informiert werden, sondern sich mit den genannten Fragestellungen aktiv auseinandersetzen und dem Bundesministerium für Gesundheit zum Vorgehen Vorschläge machen. Insbesondere soll er eine Empfehlung zur Formulierung des Pflegebedürftigkeitsbegriffs aussprechen. Das Gesamtvorhaben soll bis zum 30. November 2008 abgeschlossen sein.

Fazit

Gleichsam wie ein roter Faden des Neglects zieht sich die Thematik Demenz durch das Gesundheitswesen, ohne dass zwischen den einzelnen defizitären Teilthemen ein Bedingungszusammenhang hergestellt werden müsste: Menschen mit Demenz werden hinsichtlich ihres spezifischen Betreuungs- und Pflegebedarfes definitorisch vom Pflegebedürftigkeitsbegriff vernachlässigt; die (frühzeitige) Diagnostik und Therapie sind defizitär beschrieben, wie auch die Qualifikation von Ärzten und Pflegenden einen spürbaren Optimierungsschub benötigt. Die pflegerischen und betreuerischen Konzepte harren einer Neuausrichtung auf die Bedürfnisse von Menschen mit Demenz. Letztlich ist die Finanzierung der zielgruppenbezogenen Pflegeleistungen zu überdenken. Die gesamte Versorgungsstruktur im Bereich der Langzeitpflege steht wegen der Zunahme dieses Krankheitsbildes und Versorgungsbedarfs auf dem Prüfstand.

6 Aspekte zur Schnittstellen-problematik bei der Pflege von Menschen mit Demenz

Christian Petzold

Vor dem Hintergrund des viel zitierten demografischen, gesellschaftlichen, sozialen und gesundheitspolitischen Wandels verändert sich die Gesundheits- und Pflegeversorgung in Deutschland. Es ist davon auszugehen, dass die Inanspruchnahme professioneller Dienstleistungen sowie deren Komplexität in den kommenden Jahrzehnten zunehmen wird, nicht zuletzt durch den wachsenden Anteil älterer Menschen sowie durch die Zunahme der Multimorbidität im Alter, die in chronischen Erkrankungen begründet ist.

Die aus sozialer und privater Pflegeversicherung gebildete gesetzliche Pflegeversicherung hat sich seit ihrer Einführung im Jahr 1995 als Bestandteil des Sozialsystems der Bundesrepublik Deutschland etabliert. Dabei ist die Sicherstellung notwendiger Hilfe bei Pflegebedarf und insbesondere die Vermeidung der Pflegebedürftigkeit nicht allein durch die Pflegeversicherung gegeben. Vielmehr sind ihre Leistungen eingebettet in ein Geflecht von Leistungen staatlicher/kommunaler Träger, ehrenamtlicher Hilfen, von Eigenleistungen/Eigenvorsorge und den Leistungen anderer Sozialleistungsträger. Trägerübergreifende Pflegekonzepte, auf Grundlage eines einheitlichen Pflegebedürftigkeitsbegriffes aller Leistungsträger (Sozialversicherungsträger, öffentliche Hand, private Versicherungsunternehmen), sind eine wesentliche Voraussetzung. Hieran mangelt es derzeit.

Die pflegerische und betreuerische Versorgung von hilfe- und pflegebedürftigen Menschen ist von zahlreichen Schnittstellen zwischen verschiedenen Versorgungssektoren mit mannigfachen Gestaltungsprinzipien, wie zum Beispiel Pflegeleistungen nach dem Sozialgesetzbuch XI (SGB XI) und ambulanten medizinischen Leistungen nach dem Sozialgesetzbuch V (SGB V), gekennzeichnet.

Unstrittig ist, dass strukturelle Veränderungen in den Bereichen Prävention, Gesundheitsversorgung, Rehabilitation und Teilhabe, Pflege sowie Behindertenhilfe notwendig sind. Die Verzahnung der Leistungsbereiche und eine strikte Ausrichtung der Leistungsangebote am Bedarf der Betroffenen bieten ausreichend Chancen, gleichzeitig auch eine bessere Versorgungsqualität zu erreichen. Ohne die Entwicklung einer übergreifenden Kooperationskultur wird es kaum gelingen, die weiterhin zu beobachtenden Desintegrationserscheinungen zu beheben und Versorgungsbrüche zu vermeiden.

In den gegenwärtigen Strukturen des Gesundheitssystems sind pflegerische, rehabilitative und präventive Interventionen zu wenig miteinander verknüpft. Insbesondere in höheren Lebensjahren nehmen Krankheitshäufigkeit, Chronizität und Multimorbidität mit dem Risiko von Funktionsstörungen und Behinderungen deutlich zu. In diesem Sinne bezieht sich die Kritik ganz wesentlich auf die Eigenlogik gesetzlicher Programmierungen, die einheitliche Lebenssachverhalte trennen und mit einer typisch konditionalen Ausgestaltung von Hilfe die Zielsetzung derselben und die Lösung von Problemen gefährden. Diese problematische Seite zeigt sich in besonderer Schärfe im Schnittstellenbereich von SGB V, SGB XI und SGB XII.

Moderne Wohlfahrtsstaaten basieren nicht allein, aber doch in erheblichem Ausmaß auf der Verrechtlichung sozialer Probleme, die durch Verwaltungsbürokratien bearbeitet werden. Regelungen und Vorschriften dienen grundsätzlich dem Ziel, komplexe Prozesse nachvollziehbar, sicher und mit hoher Qualität zu gestalten. Dies gilt nicht allein für gesetzliche Vorschriften, sondern auch für untergesetzliche Regelungen, beispielsweise für Ausführungsbestimmungen, die in Unternehmen oder Verbänden gelten. Dabei sind Regelungen stets mit gewissen Kosten verbunden, da sie zum Beispiel das Einhalten von Entscheidungsprozessen und die Notwendigkeit von Dokumentation verlangen.

Regelungen und Vorschriften können aber neben den beabsichtigten Effekten der Nachvollziehbarkeit, Sicherheit und Qualität auch nicht-beabsichtigte, möglicherweise störende Nebeneffekte haben. Beispiele für nicht-intendierte, störende Folgen von Regelungen sind etwa Aufwand, Kosten und sinkende Flexibilität. Zudem ist es möglich, dass konkurrierende Regelwerke überlappende oder widersprüchliche Anforderungen stellen. Solche Widersprüche können sich dann in vielfältigen Defiziten zeigen, die als mangelhafte Koordination, als Überkomplizierung von Vorschriften, als Zwang zu zusätzlichem Aufwand, als mangelhafte Trennschärfe der Aufgabenbestimmungen usw. sichtbar und erfahrbar werden.

Nachträgliche Korrekturen solcher Erscheinungsformen können offene Verwaltungen selbst leisten, oder ihr Entstehen durch frühzeitige inhaltliche Vernetzung und Abstimmung zu verhindern suchen (z. B. im Gesetzgebungsprozess oder durch Mobilisierung organisationsinterner Kontrolltechniken).

Im gegliederten System der sozialen Sicherung in Deutschland ist bei der Versorgung älterer Menschen, bei denen mehrere soziale Risiken kumulieren, vielfach eine mangelnde Koordination der Leistungen und der Leistungserbringung festzustellen. Dies betrifft insbesondere die Hilfeleistungen für Menschen mit Demenz. In den jeweiligen Teilsystemen sind Leistungen vorgesehen, die nicht mit denen anderer Teilsysteme abgestimmt sind. Dies setzt sich auf der Ebene der Infrastruktur und Leistungserbringung fort. Ausdrücklich auf dieser Ebene besteht nach wie vor Bedarf für eine bessere Koordinierung der Leistungsangebote.

Als Problemfelder sind beispielsweise die Übergänge von der Akutversorgung und Rehabilitation in die nachfolgende pflegerische Versorgung in der häuslichen Umgebung oder der stationären Pflege anzusehen.

Leitmotiv für eine Weiterentwicklung sollte die Erhaltung von Selbstbestimmung und Teilhabe am Leben in der Gesellschaft sein (vgl. § 1 SGB IX). Präventive und rehabilitative Instrumente bedürfen dabei wesentlich stärkerer Beachtung (vgl. §§ 3 und 8 SGB IX).

Jede Sozialrechtsordnung, die darauf setzt, dass individuelle Rechtspositionen eingeräumt werden, und die mit dem Steuerungsmedium «Recht» auch die finanzielle Feinsteuerung vornimmt, kennt zum Beispiel die Probleme der Leistungsfragmentierung und -segmentierung. Gerade ältere Menschen mit der Diagnose «Demenz» haben häufig mit «Leistungsbegrenzungen» zu rechnen. Als häufigste Rationierungsfaktoren sind knappe Personalbemessung, das Fehlen von gerontopsychiatrischem Fachpersonal sowie der Mangel von therapeutischen und pflegerischen Materialien zu nennen.

6.1 Schnittstellen zwischen SGB V und SGB XI

Unabhängig von der in Fachkreisen umstrittenen Frage, ob bzw. inwieweit die gesetzliche Kranken- und Pflegeversicherung integriert werden sollte, ist zu konstatieren, dass sich immer noch zahlreiche Hürden gerade aus den Schnittstellen zwischen der Gesetzlichen Krankenversicherung (GKV) und Sozialen Pflegeversicherung (SPV) und der daraus folgenden Verteilung von Zuständigkeiten auf der Verwaltungsebene ergeben. Daher sollten solche Regelungen und Vorgaben Vorrang gewinnen, die durch ihre Überbrückungsfunktion zumindest helfen könnten, die sich immer wieder ergebenden Zuständigkeits-, Abgrenzungs- und Finanzierungsprobleme sachbezogen und kooperativ zu verringern, und damit einen Übergang von der Konditional- zur Finalprogrammierung zu erlauben. Der unterschiedlichen «Programmierung» des SGB V und SGB XI folgend, differieren zum Beispiel in der häuslichen Krankenpflege einerseits und in der häuslichen Pflege andererseits die Anforderungen an Qualifikation und Einsatz des Personals. Dabei wird die «Versorgung aus einer Hand» von den Klienten als positives Qualitätsmerkmal empfunden, dauernder Wechsel als schlechte Qualität. Deshalb müssen Voraussetzungen dafür geschaffen werden, dass Hilfen «aus einer Hand» privilegiert werden. Darüber hinaus ist eine situationsangemessene Gestaltung der pflegerischen Versorgung zu fördern, die sich flexibel auf die zumeist wechselhaften Befindens- und Bedarfslagen von Menschen mit Hilfe- und Pflegebedarf einstellt.

Für den stationären Bereich stellt sich das Problem der Schnittstellen anders dar als im ambulanten Sektor. Hier wird in aller Regel eine «All inclusive»-Versorgung pflegebedürftiger Klienten verlangt, ohne dass die im Einzelfall notwendige Hinzuziehung von Spezialisten der Pflege möglich ist. Gegenwärtig wirkt sich die starre Grenzziehung zwischen stationärer und ambulanter Versorgung dysfunktional auf Qualität und Leistungsfähigkeit in Heimen aus: Gegebenenfalls muss der Klient mit einem erhöhten behandlungspflegerischen Bedarf das Heim verlassen, in ein Krankenhaus eingewiesen werden oder in ein anderes Heim umziehen, wenn die Leistungsgrenzen des Heimes erreicht sind; mit allen Folgen für die gefährdete Teilhabe an familienbezogenen und nachbarschaftlichen Netzwerken und Versorgungsressourcen. Daher sollte eine Weiterentwicklung bzw. weitere Erprobung von Ansätzen integrierter Versorgung für Pflegeheimbewohner/innen, beispielsweise in Anlehnung an die schon existierenden Erfahrungen gefördert werden. Ebenso sollte die Benachteiligung von Klienten vermieden werden.

Es bietet sich an, bereits existierende Ansätze zur Integration unterschiedlicher Leistungsgewährung (integrierte Versorgung nach SGB V) weiter auszubauen. Dabei sollten vor allem die Schnittstellen zwischen SGB V und SGB XI reduziert und Möglichkeiten geschaffen werden, in die integrierte Versorgung auch Leistungsbereiche des SGB XI einzubeziehen. Es bedarf der weiteren Harmonisierung der Qualitätsanforderungen zwischen GKV und SPV unter Nutzung von Ansätzen der integrierten Versorgung im ambulanten Sektor. Ferner ist die Öffnung der integrierten Versorgung und des Leistungsrechts insgesamt für Kooperationsformen zwischen ambulanten und stationären Versorgungslogiken, insbesondere im Bereich der Rehabilitation, der Prävention, der ärztlichen Therapie, der Medikamentenversorgung und der Behandlungspflege geboten.

6.2 Schnittstellen zwischen Rehabilitation und Pflege

Die ambulanten Pflegedienste haben Qualitäts- und Arbeitsprobleme gerade in den Bereichen, in denen die ambulante Pflege zukünftig eine bedeutendere Rolle als bisher im Kontext der integrierten Versorgung spielen und postakute Aufgaben übernehmen soll. Dazu gehören: Medikation, Überwachung, Beobachtung und Schmerzmanagement. Künftig muss es verstärkt darauf ankommen, Selbstständigkeit und damit (hoffentlich) Lebensqualität zu erhalten, und die Fähigkeiten des Einzelnen zu fördern und zu mobilisieren. Daher müssen präventive wie auch rehabilitative Maßnahmen einen weit höheren Stellenwert in der ambulanten Pflege erhalten. Diese unmittelbar auf die Pflegepraxis zielenden Perspektiven wären aber auch auf systematischer Ebene zu verankern, um die dort bestehenden Handlungsblockaden und die sich daraus ergebenden bürokratieträchtigen Koordinierungszwänge zu beseitigen. Dies gilt insbesondere für das Verhältnis von Rehabilitation zur Pflege, wobei der im SGB V und XI niedergelegte Vorrang «Rehabilitation vor Pflege» zu kurz greift, da das Verhältnis komplizierter ist: Es gibt durchaus auch das Verhältnis von Rehabilitation durch Pflege, bei Pflege und schließlich die Teilhabesicherung für Pflegebedürftige, wie sie auch aktuell und kontrovers im Behindertenrecht diskutiert wird. Die Zielsetzung einer Teilhabesicherung greift dabei aktuelle und kontroverse Diskussionen zum SGB IX und dem dort enthaltenen § 8 auf. Diese gilt als Ausdruck eines im SGB IX insgesamt vollzogenen gesetzgeberischen Perspektivwechsels und schließt die Verlagerung der Priorität von bestmöglicher Gesundheit auf bestmögliche Teilhabe am Leben in der Gesellschaft (z. B. Berücksichtigung der Krankheitsfolgen) als eine gemeinsame Verantwortung aller Rehabilitationsträger ein, die gerade auch eine Lösung von Schnittstellenproblemen verlangt.

Durch finanzielle Fehlanreize der Kostenträger, eine unsensible Rehabilitations-Gestaltung der Pflegestufen und fehlende Qualifikation der Mitarbeitenden läuft faktisch der Grundsatz «Rehabilitation vor Pflege» leer. Hier ist dringender Handlungsbedarf geboten, der zumindest in einer stärkeren Koordinierungsverpflichtung und in der Schaffung von finanziellen Anreizen zu sehen wäre, um bürokratieträchtige Nachkorrekturen zu vermeiden. Die Bündelung aller Aufgabenbereiche in einem umfassenden Instrument wäre dann die weitergehende Perspektive. Dafür wäre es hilfreich, die verbindliche Einführung eines international anerkannten und auch für deutsche Verhältnisse validen und pragmatisch anwendbaren Instruments für die gleichzeitige Erhebung von Präventions- und Rehabilitationsbedarf und Teilhabesicherung im SGB XI zu forcieren.

6.3 Schnittstellen zwischen Heim und Krankenhaus

Schnittstellenprobleme existieren in besonderer Weise in Pflegeheimen, wenn dort Aufgaben der ärztlichen Diagnostik und Therapie (Behandlungspflege) übernommen werden sollen. Hier finden sich ungelöste haftungsrechtliche, berufsrechtliche und sozialrechtliche Problemlagen, die zu zusätzlichem bürokratischem Koordinationsaufwand führen. Seit langem beruht die Leistungspflicht der

Krankenkassen für die Behandlungspflege im Heim (bereits in § 216 Abs. 1 Ziffer 4 RVO a. F. nachgebildet) im aktuell gültigen bis 2007 prolongierten § 43 SGB XI. Die bisherigen Regelungen sind keinesfalls in der Lage, eine qualitätsgesicherte, integrierte und effiziente medizinisch-pflegerische Versorgung zu garantieren. Das Thema Behandlungspflege im Heim kann im Übrigen nicht losgelöst von der Kooperation von Ärzten und Heimen insgesamt gesehen werden.

6.4 Schnittstellen zwischen verschiedenen Helfersystemen

Die Pflegeversicherung ist von Anbeginn als eine Teilleistung für Teilbedarf, in der Regel aufbauend auf der Pflege durch Angehörige, konzipiert worden. Professionelle Pflege und andere berufliche Hilfen können die Angehörigenpflege nur ergänzen. Es zeigen sich dysfunktionale Bruchstellen und Akzeptanzprobleme in der Kooperation zwischen den am Pflegemix beteiligten Akteuren, die sich auf deutlich unterschiedliche Handlungslogiken und -anforderungen zurückführen lassen, und die zu einer unproduktiven zusätzlichen Formalisierung und Bürokratisierung dieser Beziehungen führen. Im Blick auf zukünftig vorherrschende Versorgungsnotwendigkeiten gilt daher: An die berufsmäßigen Pflegekräfte müssen andere Anforderungen herangetragen werden als man sich bei der Konzipierung der Pflegeversicherung vorgestellt hat. Wir benötigen weiterentwickelte Konzepte der Zusammenarbeit zwischen den Angehörigen und den professionellen Helfern und Diensten. Solche Konzepte sollen die Kooperation inhaltlich definieren. Die bisherigen Mechanismen müssen zugunsten von Case Management, Beratung, Anleitung und Unterstützung reduziert werden. Diese Forderung ist auch deshalb besonders wichtig, weil die traditionellen Potenziale des informellen Netzes (Familien) zunehmend knapper werden. Sie müssen gepflegt und unterstützt werden, weil sonst die Aufgabe der Sicherung der Pflege in Zukunft nicht zu bewältigen ist.

Es liegt nahe, die berufsrechtlichen Festlegungen des Kernbereiches professioneller Aufgaben der Fachpflege im Sinn von Steuerungsfunktionen zu etablieren und die Öffnung des Berufsgruppenkonzeptes im weit verstandenen Bereich von Pflege (Care) und den Aufbau einer flächendeckenden Infrastruktur von Care und Case Management voranzutreiben.

Viele der Neuregelungen nach dem Pflegequalitätssicherungsgesetz haben den Schutz oder den Ausbau der Verbraucherrechte zum Ziel. Regelungen über die Rechtsstellung der Pflegebedürftigen und ihrer Verbände sind im SGB XI unter dem Gesichtspunkt der Sicherstellung individueller Verbraucherrechte, aber auch mit Blick auf die Wahrung institutioneller oder verfahrensrechtlicher Rechtspositionen (gemeint ist die Einbindung der Betroffenen in das Vertragssystem nach dem SGB XI) und zugleich unter dem Aspekt bürgerschaftlichen Engagements bedeutsam. Der Verbraucherschutz ist im SGB XI nicht systematisch zusammengefasst, sondern einzelnen Normen zugeordnet.

Die Pflegebedürftigen sind dabei mit einem hochkomplexen Regelungsgeflecht konfrontiert, das durch verschiedene Regelkreise (in der Hauptsache SGB V, SGB XI, SGB XII, HeimG) bestimmt ist und in das unterschiedliche Beteiligte eingebunden sind (Kostenträger, MDK, Leistungserbringer etc.). Hier stellt sich ganz besonders die Frage, ob Menschen mit Demenz ihre Rechte wirksam zur Geltung bringen können. Ferner ergibt sich angesichts der Vielfalt der Beteiligten die Frage, ob ein weiterer Ausbau beispielsweise von Verbraucherschutzrechten nicht nur im Verhältnis zu den Leistungserbringern, sondern auch im Verhältnis zu den übrigen Beteiligten notwendig und sinnvoll ist.

An Schnittstellen in Versorgungssystemen entstehen immer Reibungsverluste. Jedoch soll es oberste Zielsetzung sein, diese Verluste zu minimieren, und vor allem deren negative Konsequenzen für die Klienten zu mindern. Die Reibungsverluste, die an diesen Schnittstellen entstehen, behindern die Pflege und Betreuung. Dem Pflegewesen sind Besonderheiten eigen, die es markant von den Sozialversicherungszweigen und -traditionen hierzulande unterscheiden: Die Pflegeversicherung stellt eine Teilsicherung für Teilbedarf dar mit der Folge, dass Fragen der Bedarfsangemessenheit und Leistungsfinanzierung in einer gemischten Kostenträgerschaft ins Zentrum fachlichen Interesses rücken. Pflege wird als gemeinsame Verantwortung definiert mit der Folge, dass sich Niveaus «guter Pflege» erst durch einen Mix unterschiedlicher Leistungen verschiedener Akteure herstellen lassen. Pflege ist somit Koproduktion, in die professionelle und lebensweltliche Ressourcen einfließen, und sie erfordert Aushandlung und Koordination in der Leistungserbringung.

Menschen mit Pflege- und/oder Unterstützungsbedarf folgen in der Regel anderen Relevanzkriterien und Prioritäten als diese seitens der Gesundheitspolitik und von den «Leistungserbringern» der pflegerischen Betreuung als vorrangig angesehen werden.

Die Steuerungsmöglichkeiten der einzelnen Ebenen sowie der zukünftige sozial- und ordnungspolitische Handlungsbedarf im Pflegebereich muss sich von den bisher vorherrschend anzutreffenden versäulten Strukturen lösen, um Hilfen «aus einer Hand», insbesondere für Menschen mit Demenz, zu ermöglichen. Die Verbesserung der Situation erfordert innerhalb der Gesellschaft einen Konsens über den Stellenwert von Menschen mit demenziellen Veränderungen und über die ihnen zuzugestehenden Ressourcen und Rechte.

7 Patientenverfügungen und Demenz

Uwe Brucker

Patientenverfügungen gelten als das Mittel der Wahl, um Autonomie und Selbstbestimmung bei Krankheit und Behinderung zum Ausdruck bringen zu können. Die Achtung von Selbstbestimmung und Patientenautonomie sind inzwischen medizinethisch und medizinrechtlich zu kaum mehr bestrittenen Prinzipien der ärztlichen Behandlung geworden. Das bedeutet, Patienten haben das Recht, Heileingriffe aus jedem erdenklichen Grund abzulehnen. Der Wille des Patienten ist für den Arzt verbindlich, auch wenn er medizinisch unvernünftig ist.[44] Diese Verbindlichkeit des (mutmaßlichen) Patientenwillens erstreckt sich auch auf das Pflegepersonal in einem Pflegeheim. Das hat der BGH (es ging um den Abbruch von künstlicher Ernährung in einem Pflegeheim) aktuell festgestellt: «Die Gewissensfreiheit [...] verleiht den Pflegekräften kein Recht, sich durch aktives Handeln über das Selbstbestimmungsrecht des durch seinen Betreuer vertretenen [Patienten – U.B.] hinwegzusetzen und seinerseits in dessen Recht auf körperliche Unversehrtheit einzugreifen.»[45]

Dieses Patientenrecht ist hinsichtlich des aktuell während seiner akuten Krankheit gebildeten und geäußerten Willens eines Patienten zur (Nicht-)Behandlung vom Arzt zu beachten. Vorausverfügungen, im Gespräch zwischen Patienten und behandelndem Arzt getroffene Regelungen, sind in der Praxis unproblematisch. Patientenverfügungen sind als Willenskundgebungen unabhängig von einer konkreten Behandlungssituation und wenden sich generell an alle Ärzte, Pflegekräfte etc., die in Zukunft den Patienten behandeln werden. Als allgemeine Erklärung an

---

44 Vergleiche Riedel, U.: Die Diskussion um die Patientenverfügung. Zum Meinungsstand der Reformgesetzgebung. In: www.pea-ev.de.
45 BGH XII ZR 177/03

einen zum Zeitpunkt ihrer Formulierung unbestimmten Adressatenkreis wird in der Patientenverfügung festgehalten, welchen mehr oder weniger bestimmten Maßnahmen der Verfasser zustimmt bzw. ablehnt. In einer anderen Form der Patientenverfügung werden vom Verfasser seine Wünsche, Einstellungen und Werthaltungen beschrieben, die dann in der realen Behandlungssituation erst noch konkretisiert werden müssen.[46] Da die in Patientenverfügungen festgehaltenen Willenserklärungen sich jedoch auf in der Zukunft liegende, in der Vorstellungswelt des Autoren befindliche hypothetische Situationen beziehen, ist fraglich, inwieweit sich diese Rechtslage auch uneingeschränkt auf die Patientenverfügungen übertragen lässt. Gesetzlich geregelt ist die Patientenverfügung (noch) nicht. Für die Abfassung von gewillkürten Formen der Vorausverfügungen wird auf Bundes-, Länder- und kommunaler Ebene in der Bevölkerung immer wieder geworben. Hintergrund für das öffentliche Werben sind die explosionsartig angestiegenen Kosten, die mit der massiven Zunahme der rechtlichen Betreuung in den Landesjustizkassen[47] entstanden sind. Wenn die Bürger private Vorsorge treffen würden – so das Kalkül –, bedürfte es weniger staatlicher Intervention in Form von teurer Betreuerbestellungen; infolgedessen könnten sich die gewünschten Einspareffekte einstellen. Auch angesichts dieser Kampagnen zu Vorsorgeverfügungen ist die Zahl der Patientenverfügungen angestiegen. Nach Schätzung der deutschen Hospizstiftung aus dem Jahre 2003 haben bereits sieben Millionen Deutsche Erklärungen über medizinische Behandlungen am Lebensende abgegeben.[48]

Um die Patientenverfügung ist eine öffentliche Auseinandersetzung entbrannt, die sich quer durch die politischen Parteien, die Kirchen und die Gesellschaft zieht. Es geht dabei vor allem um ihren verbindlichen Charakter und um ihre Reichweite. Es ist unklar und umstritten, inwiefern antizipierte Erklärungen in Vorsorgevollmachten vom Arzt oder dem Vertreter des Patienten, dem Betreuer oder Gesundheitsbevollmächtigten, zu beachten sind, bzw. inwieweit sie beachtet werden dürfen. Das breite Meinungsspektrum dazu reicht von der unbedingt zu beachtenden Verbindlichkeit von Patientenverfügungen über eine lediglich indizielle Zuschreibung im Sinne eines Anhaltspunktes für den mutmaßlichen Willen des Patienten bis hin zur Unverbindlichkeit solcher Erklärungen.

---

46 Sass, H.-M.; Kielstein, R. (2001): Patientenverfügungen und Betreuungsvollmacht. LIT Verlag, Münster/Hamburg/London: 50 ff.

47 Vergleiche die Eröffnungsrede von Staatssekretär Günter Reitz, Ministerium der Justiz des Landes Brandenburg bei der Jahrestagung der Leiter/-innen von Betreuungsbehörden vom 25.4.2005. Reitz, G.: 2. Betreuungsrechtsänderungsgesetz. Schnellschuss, Zwischenakt oder Schlussstrich bei der Reform des Betreuungsrechts. In: www.pea-ev.de.

48 Ärztezeitung vom 2.2.2005

Einen besonderen Aspekt bildet in dieser Diskussion die Fragestellung nach der Reichweite, Verbindlichkeit und Konsequenz einer Patientenverfügung bei Krankheitsverläufen von Menschen mit Demenz.

7.1 Die Rechtslage 2005

Erstmals hatte der Bundesgerichtshof 2003 zu einer Patientenverfügung im Kontext einer rechtlichen Betreuung zu entscheiden[49] und dabei den Patientenverfügungen grundsätzlich rechtliche Bindungswirkung zugeschrieben. Für Patientenverfügungen, die einen Behandlungsverzicht mit möglicher Todesfolge beinhalten, postuliert der BGH allerdings zwei wichtige Einschränkungen: Bietet ein Arzt eine lebenserhaltende Maßnahme an, darf der Betreuer diese nur mit Genehmigung des Vormundschaftsgerichtes verweigern. Und, die Verbindlichkeit einer solchen Patientenverfügung soll nur dann gegeben sein, wenn das Grundleiden des Patienten einen irreversibel tödlichen Verlauf genommen hat. Denn mit einer Patientenverfügung kann, so der BGH, Ärzten und Betreuern nicht etwas abverlangt werden, was strafrechtlich verboten ist. Die Entscheidungsmacht des Betreuers reiche anders als diejenige des Patienten selbst, der im einwilligungsfähigen Zustand jede Behandlung verweigern könne, nicht weiter als die von der Rechtsordnung erlaubte passive Sterbehilfe. Strafrechtlich zulässig sei aber das Unterlassen und der Abbruch von lebenserhaltenden Maßnahmen nur dann, wenn das Grundleiden des Patienten bereits irreversibel tödlich verläuft; so der BGH unter Verweis auf eine strafrechtliche BGH-Entscheidung von 1994, den sogenannten Kemptener Fall.[50] Der BGH hatte im «Kemptener Fall» zwar erstmals unter Hinweis auf den mutmaßlichen Willen der Patientin die passive Sterbehilfe durch Abbruch medizinischer Maßnahmen schon vor der Sterbephase als zulässig angesehen.[51] Die Entscheidung spricht aber ausdrücklich von einem

---

49 Beschluss vom 17.3.2003, XII ZB 2/03, NJW 2003: 1588 ff.
50 1 StR 357/94 = BGHSt 40: 257 ff. = NJW 1995: 204 ff.
51 Der Abbruch lebenserhaltender Maßnahmen bei einem unheilbar erkrankten, nicht mehr entscheidungsfähigen Patienten sollte ausnahmsweise aufgrund der besonderen Situation des konkreten Falles auch dann zulässig sein, wenn die Voraussetzungen der von der Bundesärztekammer verabschiedeten damaligen Richtlinie für die zulässige Sterbehilfe nicht vorliegen, weil der Sterbevorgang noch nicht eingesetzt hat, wenn dies dem mutmaßlichen Willen des Kranken entspricht. Der Sterbevorgang hat nach dieser Richtlinie (Dt. Ärzteblatt 1979, A: 957 ff.) begonnen, wenn das Grundleiden des Kranken nach ärztlicher Überzeugung unumkehrbar – irreversibel – ist, einen tödlichen Verlauf genommen hat, und der Tod in kurzer Zeit eintreten wird.

Grenzfall.[52] Die Entscheidung des BGH wurde dann aber später von einigen Interpretatoren so extrapoliert, dass daraus eine Regel der Straffreiheit für alle nichteinwilligungsfähigen Patienten gemacht wurde, unabhängig von ihrem Krankheitsstadium.[53] Dieser Auslegung ist der BGH in seiner betreuungsrechtlichen Entscheidung von 2003 entgegen getreten. Er betont, dass die straflose Sterbehilfe durch das Unterlassen von Behandlungsmaßnahmen auf irreversibel tödlich verlaufende Krankheitsphasen beschränkt ist.

Auch das BMJ teilt diese Interpretation des BGH: In den am 4.11.2004 veröffentlichten «Eckpunkten zur Stärkung der Patientenautonomie»[54] hat das BMJ die straflose passive Sterbehilfe wie folgt eingegrenzt: «Hat das Leiden einen unumkehrbaren tödlichen Verlauf angenommen und wird der Tod in kurzer Zeit eintreten, kann der Arzt von lebensverlängernden Maßnahmen absehen oder bereits eingeleitete Maßnahmen beenden, sofern dies dem Willen des Patienten entspricht.» Somit ist der Wille des Patienten eine notwendige, aber keine exklusive Bedingung für die Zulässigkeit der Unterlassung lebenserhaltender Maßnahmen. Hinzukommen muss, dass sich der Patient im Stadium einer unumkehrbar tödlich verlaufenden Krankheit befindet.

Es geht in der Diskussion grundsätzlich darum, welche ethischen und rechtlichen Schranken Politik und Gesellschaft bei der gezielten Herbeiführung des Todes durch Unterlassen medizinischer Maßnahmen aufgrund eines Sterbewillens des Patienten festlegen sollten. Die rechtsethischen Grundsätze der Strafrechtssprechung zur passiven Sterbehilfe führten zur Begrenzung ihrer Zulässigkeit auf irreversibel tödliche Leiden: Das Unterlassen und der Abbruch lebenserhaltender medizinischer Maßnahmen außerhalb des Sterbeprozesses ist demnach grundsätzlich als Tötung durch Unterlassen strafbar. Bis zur BGH-Entscheidung im Kemptener Fall hat die Rechtsprechung den Verzicht auf lebenserhaltende Maßnahmen nur im Sterbeprozess selbst als zulässig betrachtet, weil es in dieser Phase an einer medizinischen Indikation für lebenserhaltende Maßnahmen fehlt. Man spricht von der straflosen «passiven Sterbehilfe». Nach der strafrechtlichen Dogmatik ist der entscheidende Unterschied zur «aktiven Sterbehilfe», dass bei der passiven Sterbehilfe der Krankheitsverlauf als solcher Ursache für den Tod des Patienten ist, wohingegen die aktive Sterbehilfe den Tod durch

---

52 Im Urteil heißt es, dass «angesichts der besonderen Umstände des hier gegebenen Grenzfalles ausnahmsweise ein zulässiges Sterbenlassen durch Abbruch einer ärztlichen Behandlung oder Maßnahme nicht von vornherein ausgeschlossen ist, sofern der Patient mit dem Abbruch mutmaßlich einverstanden ist.

53 Vergleiche Riedel, U., a. a. O.

54 BtPrax 2/2005: 57 (59)

eine gezielte lebensbeendende Handlung herbeiführt.[55] Es kommt also auch beim Behandlungsverzicht für die Frage der Zulässigkeit der Sterbehilfe auf die Beantwortung der Frage an, ob der Patient an seiner Krankheit oder am Behandlungsverzicht stirbt. Kriterien zur ethischen Entscheidungsfindung liefern auch die medizinethischen Prinzipien:

- Autonomie (Kompetenz, Selbstbestimmungsfähigkeit, Wille)

- Benefizienz (Leben, Gesundheit, Lebensqualität)

- Non-Malefizienz (Nutzen/Risiko-Relation, individuelle Werte)

- Gerechtigkeit (Gleichheit, Angemessenheit, Ressourcen).[56]

Diese ethischen Prinzipien bildeten den Ausgangspunkt für die Vorschläge der Enquetekommission des Deutschen Bundestages zu Patientenverfügungen vom September 2004.[57] Die Enquetekommission spricht sich dafür aus, dass Patientenverfügungen, die einen Behandlungsabbruch oder -verzicht vorsehen, der zum Tode führen würde, nur umgesetzt werden dürfen, wenn das Grundleiden des Patienten irreversibel ist und trotz medizinischer Behandlung nach ärztlicher Erkenntnis zum Tode führen wird. Die Patientenverfügung ist damit zwar für Krankheitsstadien weit über die Sterbephase hinaus verbindlich, soll jedoch nach Ansicht der Enquetekommission aber nicht Demenz und Wachkoma mit einschließen können. Laut Enquetekommission kann das Unterlassen medizinischer Maßnahmen ethisch nicht hingenommen werden, wenn dadurch ein überlebensfähiges Leben beendet wird. Bei einer nicht tödlich verlaufenden Krankheit können lebenserhaltende Maßnahmen unterlassen werden, zum Beispiel Abbruch der künstlichen Ernährung; der Tod tritt dann primär durch den Behandlungsverzicht (das Unterlassen) und nicht infolge des Krankheitsverlaufs ein. Dieses Unterlassen möglicher medizinischer Hilfeleistung aufgrund einer Patientenverfügung bei einem entscheidungsunfähigen Menschen kann dann ethisch akzeptiert werden, wenn die Progredienz der tödlichen Grunderkrankung durch Han-

---

55 So die grundlegende Entscheidung BGHSt 37, 376: «Auch bei aussichtsloser Prognose darf Sterbehilfe nicht durch gezieltes Töten, sondern nur entsprechend dem erklärten oder mutmaßlichen Patientenwillen durch die Nichteinleitung oder den Abbruch lebensverlängernder Maßnahmen geleistet werden, um dem Sterben, gegebenenfalls unter wirksamer Schmerzindikation, seinen natürlichen, der Würde des Menschen gemäßen Verlauf zu lassen.»

56 Vergleiche Müller-Busch, C. (2005): Patientenautonomie am Lebensende aus (palliativ-) medizinischer Sicht. In: BtPrax, 2: 52 ff.

57 Zwischenbericht der Enquetekommission Ethik und Recht der modernen Medizin des Dt. Bundestages, Bt-Drs. 15/3700 unter www.bundestag.de

deln nach dem Stand des medizinisch-ärztlichen Wissens nicht aufgehalten werden kann. Dagegen soll der Behandlungsverzicht ethisch nicht hingenommen werden, wenn der Tod als Folge des Unterlassens und nicht der Krankheit eintritt. Diese sogenannte Reichweitenbegrenzung einer Patientenverfügung rechtfertigt sich nach Ansicht der Enquetekommission ethisch und rechtlich aus folgenden Gründen: Patientenverfügungen sind immer Vorausverfügungen für eine nicht in allen Konstellationen voraussehbaren und deshalb festlegbaren Ernstfallsituation.[58] Sie können daher weder rechtlich noch ethisch mit einer «Jetzt-für-Jetzt-Erklärung» des einwilligungsfähigen Patienten gleichgesetzt werden. Der Patient kann sich bei Abfassung der Verfügung nicht mit der späteren aktuellen Situation, den dann gegebenen Entscheidungsoptionen und Alternativen auseinander setzen. Das ist en detail auch nicht erforderlich, sofern er seinen Willen und seine Haltung zur Situation seiner eigenen Entscheidungsunfähigkeit in bestimmten von ihm beschriebenen existenziellen Lebenssituationen dargelegt hat, und es zum Zeitpunkt der Ernstfallsituation keine Anzeichen dafür gibt, dass er an dem in der Patientenverfügung formulierten Willen nach Behandlungsverzicht/-abbruch nicht mehr festhalten möchte. Der Einwand, die Patientenverfügung ermangele deshalb an Verbindlichkeit, weil der Patient vor Abfassung seines Patiententestaments nicht im erforderlichen Umfang über die möglichen Folgen und Risiken seines Entschlusses ärztlich aufgeklärt worden ist, vermag nicht zu überzeugen: Ob sich der Patient vor der Formulierung seines Willens ärztlichen Rat eingeholt hat, ist nach Jahren meist nicht mehr nachvollziehbar. Ungeachtet dieser Frage kann jedoch aus den Formulierungen vieler Patientenverfügungen der Schluss gezogen werden, dass der Patient durch seinen niedergelegten Willen gerade auf die ärztliche Aufklärung verzichten wollte. Die Warnfunktion der ärztlichen Aufklärung findet dort ihre Grenzen, wo dem Patienten die ärztliche Beratung und Aufklärung aufgedrängt werden soll. Der Spagat zwischen dem Recht zur Selbstbestimmung (mit dem Risiko der Selbstschädigung) und dem sozialstaatlichen Recht auf Schutz und Fürsorge für den Betroffenen (mit der Gefahr der Fremdbestimmung)[59] beinhaltet auch die Bereitschaft, davon auszugehen, dass der Betroffene bis zu seinem Tode selbstverantwortlich mit den hier in Frage stehenden Entscheidungen umgeht. Die Selbstbestimmung beinhaltet auch die Selbstverantwortung des Patienten für schwer antizipierbare Situationen, die der Betroffene entscheiden will, obwohl er auch die Entscheidungsoption hat, nichts

---

58 Vergleiche Brucker, U. (2002): Selbstbestimmt Vorsorge treffen. Teil II: Patientenverfügung. In: Die BKK, 10: 450 ff.

59 Taupitz, J.: Aktuelles Thema I der Sprechstunde Medizinethik: Sterbehilfe und Patientenschutz. Aus: http://ruhr-uni-bochum.de/zme/disk-1.htm.

zu regeln und den Dingen ihren freien Lauf zu lassen bzw. eine Betreuungsverfügung und/oder Vorsorgevollmacht abzufassen.[60]

Dass letztlich niemand weiß, wie er in der antizipierten Situation, wenn sie eintritt, tatsächlich entscheiden würde, und dass sich erfahrungsgemäß die Sichtweise auf ein Leben mit Krankheit, Einschränkung und Pflegebedürftigkeit und auf das, was als ein erträgliches Leben angesehen wird, zum Positiven ändert, wenn man selbst in diese Lage kommt, spricht dafür, die Entscheidung in der Patientenverfügung regelmäßig auf ihre aktuelle Verbindlichkeit und Gültigkeit hin zu überprüfen. Dies sind keine durchgreifenden Argumente gegen die Abfassung von Patientenverfügungen. Dasselbe gilt auch für die Einwendung, dass individuelle Entscheidungsprozesse zu Krankheit, Pflegebedürftigkeit und Sterben durch die Medien und gesellschaftliche Trends, das persönliche Umfeld und nicht zuletzt durch Erweiterung der rechtlichen Möglichkeiten beeinflusst werden.[61]

In Zeiten knapper Kassen wird auch eine Erwartungshaltung erzeugt, eine Verfügung abzugeben, die es erlauben würde, Ärzte, Angehörige und gesetzliche Vertreter für den Fall des Verlustes der Entscheidungsfähigkeit auf einen Behandlungsverzicht mit Todesfolge festzulegen, unabhängig von Art und Stadium der Krankheit oder der Demenz. Mit einer so produzierten Anspruchsethik nach einem selbstverantwortlichen rechtzeitigen, weil sozialkassenverträglichen freiwilligen, Behandlungsverzichts sind es dann ja die alten oder kranken Menschen selbst, die den Umfang und die Kosten ihrer Behandlung und Pflege steuern können und zu verantworten haben. Ob eine Begrenzung der Reichweite einer Patientenverfügung alleine in der Lage sein wird, solchen Tendenzen nachhaltig und wirkungsvoll entgegenzutreten, bleibt höchst fragwürdig.

7.2 Aktuelle Entwicklung im Bundestag

Der im November 2004 vom BMJ vorgelegte Gesetzentwurf, der die im Juni 2004 veröffentlichten Ergebnisse der Arbeitsgruppe des BMJ umsetzte, wurde inzwischen wieder zurückgezogen, nachdem es immer mehr Kritik daran gab. Eine Gruppe von SPD-Abgeordneten hat mittlerweile den Entwurf überarbeitet. Danach ist die Schriftlichkeit von Patientenverfügungen als Voraussetzung ihrer Gültigkeit nun offenbar breiter Konsens.

Zu den Kernaussagen des Gesetzentwurfes (der Nachfolgenentwurf zum BMJ-Entwurf für ein 3. BetrRÄndG) zählen:

---

60 Vergleiche Brucker, U. (2002): Selbstbestimmt Vorsorge treffen. Teil I: Vorsorgevollmacht und Betreuungsverfügung. In: Die BKK, 5: 198 ff.
61 Riedel, U., a. a. O.

Bei Vorliegen einer Patientenverfügung bedarf es nach dem neuen § 1901a BGB künftig keiner Betreuerentscheidung mehr, es sei denn, die Patientenverfügung passt nicht auf die konkrete Situation. Der Betreuer hat diese Verfügung unabhängig von Art und Stadium der Erkrankung des Patienten umzusetzen. Der Betreuer soll in diesem Fall also keine betreuungsrechtliche Entscheidung mehr treffen, sondern nur noch Bote der Entscheidung des Betreuten sein. Zuvor hat der Betreuer jedoch darüber zu entscheiden, ob die Patientenverfügung, die in den meisten Fällen auslegungsbedürftig sein dürfte, überhaupt angewendet wird und er damit die entscheidende Weichenstellung für die weitere Verfahrensweise treffen muss. Nur wenn der Betreuer zur Entscheidung kommt, dass die Patientenverfügung nicht auf die konkrete Situation passt oder wenn überhaupt keine Patientenverfügung vorliegt und der Betreuer den mutmaßlichen Willen zu ermitteln hat, trifft er auch weiterhin eine betreuungsrechtliche Entscheidung. Auch in diesen Fällen soll die bisher etablierte vormundschaftsgerichtliche Kontrolle zum großen Teil zurückgenommen werden. Eine Genehmigung des Vormundschaftsgerichts soll nur noch in Fällen erforderlich sein, in denen Arzt und Betreuer über den mutmaßlichen Willen des Patienten zu keinem Konsens kommen.

Dagegen hatte der BGH 2003 dem Betreuer die Einschaltung des Vormundschaftsgerichtes auferlegt, wenn er mit dem Arzt kein Einvernehmen über eine Behandlung erzielen konnte. Es ist nicht Ziel führend, die Kontrolle des Vormundschaftsgerichts davon abhängig zu machen, dass Arzt und Betreuer sich nicht über den mutmaßlichen Willen des betreuten Patienten einig sind. Da der Arzt die Wertvorstellungen und früheren Bekundungen des Patienten in den wenigsten Fällen kennen dürfte, ist es fraglich, ihm die maßgebliche Rolle bei der Interpretation des mutmaßlichen Willens und der Anrufung des Vormundschaftsgerichtes zukommen zu lassen.

Liegt keine Patientenverfügung vor, soll nach dem Entwurf der gesetzliche Vertreter den mutmaßlichen Willen des Patienten ermitteln. Hat er ihn ermittelt, soll der Betreuer daran gebunden sein, unabhängig von Art und Stadium der Erkrankung. Ulrike Riedel weist zu Recht darauf hin, dass mit dieser Konstruktion ein Grundelement des bisherigen Betreuungsrechts zur Disposition steht: Die sogenannte «Wohlschranke» des § 1901 Abs. 3 («Der Betreuer hat Wünschen des Betreuten zu entsprechen, soweit dies dessen Wohl nicht zuwiderläuft und dem Betreuer zuzumuten ist») gilt nicht mehr, der gesetzliche Vertreter hat, wenn er als mutmaßlichen Willen den Behandlungsverzicht ermittelt hat, diesen umzusetzen, selbst wenn zum Beispiel die Chance der Besserung der Krankheit, der Wiedererlangung des Bewusstseins und Lebensperspektiven besteht und es dem Wohl des Patienten entsprechen würde, ihn weiterzubehandeln.[62]

---

62 Riedel, U., a. a. O.

Zur Ermittlung des mutmaßlichen Willens bedarf es laut Begründung des Gesetzentwurfes immerhin individueller, konkreter, aussagekräftiger Anhaltspunkte. Als solche sollen gelten: frühere mündliche oder schriftliche Äußerungen des Patienten, aber auch seine religiöse Überzeugung oder sonstige persönliche Wertvorstellungen oder seine altersbedingte Lebenserwartung. Letztgenanntes Kriterium ist ein gefährliches Einfallstor zu altersbedingter Gesundheitsrationierung mit sicherer Todesfolge; der Betreuer darf nicht zum Gate-Keeper fürs altersbedingte Weiterleben werden. Das hohe Lebensalter darf daher für den Betreuer kein Indiz für den Sterbenswillen seines Betreuten werden, das es ihm erlaubt – wenn der Arzt nicht widerspricht – ohne vormundschaftsgerichtliche Genehmigung entsprechend final tätig zu werden. Das in der Diskussion bei solchen Fragen Entgegengebrachte, wonach so etwas doch kein Betreuer oder Arzt machen würde, überzeugt nicht. Der Gesetzgeber muss sich darüber im Klaren sein, dass er möglicherweise einer solchen unerwünschten Option durch eine derartige gesetzliche Regelung die Tür öffnet.

Zur Plausibilisierung der Notwendigkeit der uneingeschränkten Geltung von Patientenverfügungen werden gerne Beispiele von unheilbar Erkrankten mit infauster Prognose genannt. Der Wille solcher Patienten, dem Sterben den Vorzug vor dem Leben zu geben, das sie oft nur noch als sinnloses Leiden empfinden, ist in solchen Beispielen leicht nachvollziehbar. Allerdings werden im Gesetzesvorschlag undifferenziert alle Patientenverfügungen über den mutmaßlichen Willen für umsetzungspflichtig erklärt, ohne dass Unterschiede bei der Prognose und beim Krankheitsstadium gemacht würden. Die Begründung schreibt der Patientenverfügung auch dann Verbindlichkeit zu, wenn die darin abgelehnte ärztliche Behandlung geeignet sei, die Krankheit des Patienten zu «besiegen». An Voraussetzung werden genannt: Eindeutigkeit und Klarheit der Patientenverfügung hinsichtlich ihrer Auslegbarkeit bezogen auf den konkreten Behandlungsfall sowie die Handlungsunfähigkeit des Patienten.

Ulrike Riedel hat auf dem Vormundschaftsgerichtstag im November 2004 die verfassungsrechtlichen Bedenken[63] folgendermaßen dagegen zusammengefasst: «[…] verfassungsrechtliche Grundlage für die strikte Bindung des gesetzlichen Vertreters an den in einer Patientenverfügung geäußerten Sterbewillen und die Abschaffung der Wohlschranke bei Ermittlung von Wunsch und Wille des Patienten leitet der Gesetzentwurf aus der Menschenwürde, der allgemeinen Handlungsfreiheit und dem Recht auf körperliche Unversehrtheit des Patienten ab. Für die konkrete Übertragung dieser allgemeinen Verfassungsprinzipien auf das Unterlas-

---

63 Riedel, U. (2005): Zur Diskussion um die Patientenverfügung. In: Vormundschaftsgerichtstag (Hrsg.): Rechtsfürsorge im Sozialstaat. Betrifft Betreuung Band 8. Eigenverlag, Bochum: 196 ff.

sen von indizierten ärztlichen Heileingriffen kann er sich allerdings nur auf eine abweichende Meinung in einem Urteil des BVG von 1979 stützen. Das heißt, das BVG hatte damals gerade anders entschieden und bis heute offenbar nicht revidiert. Es gibt keine verfassungsrechtliche Entscheidung, die die Fortgeltung eines früheren Willens nach Eintritt der Handlungsunfähigkeit und der Folgen bei Nichtbeachten des Willens festlegen und auch keine strafrechtliche. Der Gesetzgeber hat, was gerne vergessen wird, einen weiten Einschätzungsspielraum, wie er kollidierende Grundrechte wie Lebensschutz und Handlungsfreiheit zum Ausgleich bringt. Der Staat hat die verfassungsrechtliche Pflicht, sich schützend und fördernd vor das Grundrecht auf Leben zu stellen. Das kommt auch in dem Verbot der Tötung auf Verlangen und der Tötung durch Unterlassen, der Garantenpflicht von Ärzten und anderen für den Patienten verantwortlich handelnden Personen und in der polizeirechtlichen Pflicht zum Einschreiten bei drohendem Suizid zum Ausdruck. Der Gesetzentwurf ignoriert diese Pflicht. Die staatliche Pflicht zum Schutz des Lebens wird zugunsten der Postulierung einer einseitigen Entfaltungs- bzw. Handlungsfreiheit nach Art. 2 Abs. 1 GG neutralisiert. Allerdings bietet der Gesetzentwurf nicht einmal einen konsequenten Schutz der angestrebten absoluten Gestaltungsfreiheit: Durch die Regelung der Verbindlichkeit des mutmaßlichen Willens (der, mit Ernst betrachtet, kein Wille, sondern Mutmaßung durch Dritte ist) eröffnet er weit über das geltende Recht hinaus die Möglichkeit der Fremdbestimmung, ohne das Korrektiv der Wohlschranke des geltenden § 1901 BGB und ohne Rücksicht auf Art und Stadium der Erkrankung.»

Das im neu vorgeschlagenen § 1901a formulierte Ziel, nämlich die Aufhebung der Entscheidungskompetenz des Betreuers bei Vorliegen einer auf den konkreten Fall hin interpretationsfähigen Patientenverfügung und zweitens die Aufhebung der Wohlschranke des geltenden § 1901 bei der Ermittlung von Wunsch und Wille des Betreuten. Im ersten Fall, wenn er den Willen des Betreuten anhand der Patientenverfügung interpretiert und umsetzt, soll er keine betreuungsrechtliche Entscheidung mehr treffen, nur im zweiten Fall, wenn er den mutmaßlichen Willen ermittelt und umsetzt, trifft er eine verantwortliche Betreuerentscheidung.

Diese Trennung ist wenig realitätsnah. Im Alltag wird es nur in Ausnahmefällen so sein, dass eine Patientenverfügung wortwörtlich genau auf die gegebene Situation passt; eher werden sich bei vielen Patientenverfügungen Auslegungs- und Anwendungsfragen ergeben. Eine Unterscheidung zwischen der Auslegung des fremden Willens in einer Patientenverfügung einerseits und der Ermittlung von Wunsch und mutmaßlichem Willen des Patienten andererseits, ist faktisch kaum möglich und rechtfertigt nicht die unterschiedlichen Rechtsfolgen. Auch im ersten Fall muss sich der Betreuer ein eigenes Urteil bilden, inwieweit die Patientenverfügung der gegenwärtigen Lebenslage wirklich entspricht, und ob der Patient seine aktuelle gesundheitliche Perspektive oder seinen Lebenswillen auch unter eingeschränkten gesundheitlichen Bedingungen richtig einschätzen konnte, was genauso schwierig sein kann wie die Ermittlung des mutmaßlichen Willens.[64]

Der Betreuer braucht auch in Zukunft Beurteilungsspielraum bei der Interpretation hinsichtlich der Anwendung einer Patientenverfügung. Wenn es zum Wohl des Betreuten ist, kann und muss er nach derzeitiger Rechtslage von der Patientenverfügung abweichen, sofern das im wohlverstandenen Interesse des Patienten ist.

7.3 Patientenautonomie am Lebensende

In der Diskussion um eine Reichweitenbeschränkung einer Patientenverfügung spielen bestimmte Krankheiten und deren Verläufe eine Rolle; hier werden vor allem das sogenannte Wachkoma und die Altersdemenz (gemeint ist damit die häufigste Demenzvariante, Morbus Alzheimer) betrachtet.

Die Frage, ob Menschen mit Demenz bzw. Wachkomapatienten wirksam in eine Patientenverfügung mit einbezogen werden, wird von der Enquetekommission «Ethik und Recht der modernen Medizin»[65] anders beantwortet als von der Arbeitsgruppe des Bundesjustizministeriums (sog. Kutzer-Kommission) «Patientenautonomie am Lebensende».[66]

Die Enquetekommission beschränkt die Zulässigkeit von Patientenverfügungen, «die einen Behandlungsabbruch oder -verzicht vorsehen, der zum Tode führen würde» auf Fälle, «in denen das Grundleiden irreversibel ist und trotz medizinischer Behandlung nach ärztlicher Erkenntnis zum Tode führen wird.» Sie lässt damit keine Patientenverfügung für Wachkoma, Demenz und vergleichbare Krankheitszustände zu.

Die Arbeitsgruppe des BMJ sieht keine Reichweitenbeschränkung vor. Die Patientenverfügung kann für alle Fälle getroffen werden, bei denen beim Äußerungsfähigen die Zustimmung zu einer medizinischen Maßnahme notwendig ist.

Die von der Enquetekommission vertretene Engfassung der Reichweite bedeutet eine Einschränkung des Selbstbestimmungsrechts des Patienten. Es ist zu befürchten, dass dadurch die Vorsorge mittels einer Patientenverfügung für die meisten Menschen wertlos gemacht wird. Die meisten Menschen verfassen eine Patientenverfügung, um für die Altersverwirrtheit (Demenz) und das Wachkoma

---

64 Vergleiche Riedel, U., a. a. O., S. 203
65 BtDrucksache 15/3700 vom 13.9.2004
66 Bundesministerium der Justiz (BMJ) (Hrsg.) (2004): Patientenautonomie am Lebensende – Ethische, rechtliche und medizinische Aspekte zur Bewertung von Patientenverfügungen, Bericht der Arbeitsgruppe «Patientenautonomie am Lebensende» vom 10.6.2004 («Kutzer Kommission») (www.bmj.bund.de/media/archive/695.pdf).

vorzusorgen. Doch genau diese Gruppe wird von der Enquetekommission ausdrücklich ausgeschlossen. Auch altersgebrechlichen, mehrfach erkrankten Menschen, die nicht an einer zum Tode führenden Krankheit leiden, wird die Möglichkeit verwehrt, durch eine Patientenverfügung beispielsweise die Wiederbelebung nach Herzstillstand zu verbieten.[67]

Die Wirksamkeit einer Patientenverfügung an das Vorliegen eines irreversiblen Grundleidens zu knüpfen, das trotz medizinischer Behandlung nach ärztlicher Erkenntnis zum Tode führen wird, führt zur Konsequenz, dass Wachkomapatienten und Menschen mit Demenz keinen Anspruch in ihren Patientenverfügungen erlassen und nicht wirksam die Unterlassung von lebenserhaltenden Maßnahmen verfügen können. Wenn nämlich keine zusätzlichen schweren und unheilbaren Krankheiten auftreten, gehören Wachkoma und Demenz nicht zu den irreversiblen tödlichen Grundleiden, die durch medizinische Maßnahmen nicht aufgehalten werden könnten. Die Arbeitsgruppe des BMJ will nicht, dass Menschen mit Demenz und im Koma Liegende «trotz entgegenstehender ausdrücklicher Patientenverfügung, also quasi zwangsweise zu ernähren, zu beatmen, mit Flüssigkeit zu versorgen, an Herz-Lungen-Maschinen anzuschließen, zu operieren sind und Begleitkomplikationen wie Lungenentzündungen, Hirnblutungen oder Infektionen gegen den Willen des Patienten behandelt werden müssen. Auch will sie nicht, dass Reanimationen, welche der Patient etwa wegen drohender bleibender Hirnschädigungen verboten hat, von Gesetzes wegen durchgeführt werden.»[68]

Es ist nicht zu bestreiten, dass gerade bei Menschen mit Demenz krankheitsbedingt eine Diskontinuität der Persönlichkeit eintritt. Dies rechtfertigt es jedoch nicht, die Personenidentität von einem gesunden und kranken (hier: komatösen bzw. dementen) Menschen zu leugnen, um darüber die Verbindlichkeit der Patientenverfügung auszuhebeln. Die Diskontinuität der Persönlichkeit ändert nichts daran, dass auch Menschen mit Demenz im fortgeschrittenen Stadium ihrer Erkrankung rechtlich und ethisch dieselbe Person sind wie in gesunden Tagen.[69] Die Patientenverfügung von Menschen, die an Demenz erkranken und diese für das Demenzstadium formuliert haben, wurde gerade im Hinblick auf die degenerative Erkrankung des Gehirns verfasst. Gerade im Wissen, dass man als Mensch mit Demenz zu keiner rechtsverbindlichen Willenserklärung mehr in der Lage ist, wurde in gesunden Tagen für die Krankheitstage vorgesorgt. Aus dem Umstand, dass Menschen mit Demenz aufgrund der Abbauprozesse im Gehirn und des damit einhergehenden schweren Gedächtnisverlustes nicht mehr

67 Dr. Dr. Martin Mayer, MdB vom 8.6.2005 aus http://www.m4m.de/05-06-07-PV-Grundsaetze-Homepage.pdf.

68 Kutzer, K. (2005): Patientenautonomie am Lebensende. In: BtPrax, 2: 50 ff.

69 ders., a. a. O.

in der Lage sind, Beziehungen zu ihrem früheren, gesunden Leben herzustellen, rechtfertigt es nicht, eine gerade auf diese Lebenskonstellation hin verfasste Patientenverfügung unwirksam werden zu lassen. Allerdings ist hinsichtlich des in der Patientenverfügung für den Fall der Demenz geforderten Behandlungsverzichts anders zu entscheiden, wenn Patienten sich im Krankheitsverlauf durchaus als zufriedene und Lebensqualität empfindende Menschen erleben und zeigen.[70] Dieses im Vergleich zum Patientenverfügungsinhalt abweichende «qualitativ andere Selbsterleben» ist als Abkehr des verfügten Inhalts aufzufassen. Kutzer präzisiert diese Sicht noch: «Eine Patientenverfügung mit dem Verbot lebenserhaltender Maßnahmen verliert allerdings dann ihre Bindungswirkung, wenn sich aus Worten, Gesten und dem sonstigen Verhalten des einwilligungsunfähigen Kranken der sichere Schluss ziehen lässt, dass er sein reduziertes Leben jetzt weiter leben will, weil er es akzeptiert hat. Ein solcher konkludenter Widerruf durch den erkennbaren natürlich-kreatürlichen Lebenswillen dürfte trotz des Verlustes der Einwilligungsfähigkeit rechtlich möglich sein.»[71] Diese zufriedenen und Lebensqualität empfindenden Menschen mit Demenz sind Ergebnis von intensiver professioneller Anstrengung[72] um die angemessene Versorgung dieses Personenkreises. Die Schaffung stressfreier, demenzspezifischer Milieus ist neben einer personenbezogenen Pflege[73] mit gut qualifiziertem und ausreichendem Personal unabdingbare Voraussetzung dafür, diesen Menschen eine solche Lebenssituation in ihrem Krankheitsverlauf bieten zu können. Das konzeptionelle Umdenken hat in vielen Pflegeeinrichtungen bereits begonnen: Man trifft sie in immer mehr Pflegeeinrichtungen oder auch in Wohngemeinschaften:[74] An Alzheimer-Demenz Leidende, die Zufriedenheit ausstrahlen. Und es gibt auch eine sich immer mehr verbreitende Methode, mit der diese Lebenszufriedenheit von Menschen mit Demenz gemessen werden kann, das Dementia Care Mapping.[75] Es gibt noch ein Leben vor dem Tod, auch für Menschen mit Demenz; allerdings nicht umsonst.

---

70 DGGG: Klie, T.: Patientenautonomie am Lebensende – Vorsicht vor Wegbereitung aktiver Sterbehilfe. Aus: http://www.dggg-online.de/kongress2004/2004_presse_klie.pdf.

71 Kutzer, K., a. a. O. m. w. Literaturnachweis

72 Kuratorium Deutsche Altershilfe (KDA, Hrsg.) (2001): Qualitätshandbuch Leben mit Demenz. KDA Verlag, Köln.

73 Wissmann, P. (Hrsg.) (2004): Werkstatt Demenz. Vincentz Network, Hannover.

74 Pawletko, K.-W. (2004): Ambulant betreute Wohngemeinschaften für demenziell erkrankte Menschen (Bundesministerium für Familie, Senioren, Frauen und Jugend, Berlin).

75 Kitwood, T. (2000): Demenz. Der personenzentrierte Ansatz im Umgang mit verwirrten Menschen. Hans Huber Verlag, Bern.

8 Inszenierte Kommunikation

Vorsorgeverfügungen für Menschen mit Demenz aus theologisch-anthropologischer Perspektive[76]

Traugott Roser

Mein Thema lässt sich zuspitzen auf eine konkrete Frage: Sind Menschen mit einer fortschreitenden Demenzerkrankung in der Lage, Entscheidungen über diagnostische, therapeutische und pflegerische Maßnahmen am Lebensende zu treffen? Die Frage gliedert sich in folgende zu unterscheidende Fragestellungen:

- In welchem Stadium einer progredienten Demenzerkrankung sind Menschen kompetent, Entscheidungen zu treffen?

- Bezieht sich die Entscheidungskompetenz auch auf Vorausverfügungen für zukünftige Situationen wie Patientenverfügungen?

- Welche Form müssen diese Verfügungen haben?

Diese Fragen haben aktuelle politische Relevanz im Blick. Seit die Arbeitsgruppe «Patientenautonomie am Lebensende» am Bundesjustizministerium ihren Abschlussbericht veröffentlicht hat (Juni 2004) und ein entsprechender Gesetzentwurf aus dem Bundesjustizministerium vorliegt, der bekanntlich im Gegensatz zu den Empfehlungen der Enquetekommission des Deutschen Bundestags steht, gibt es eine breite öffentliche Debatte um Patientenverfügungen und Vorsorgeverfügungen. Die Kirchen haben lange um eine klare Positionierung gerungen, bis im März 2005 die Kammer für Öffentliche Verantwortung der Evangelischen Kirche in Deutschland ihre Überlegungen zum Umgang mit Patientenverfügungen

---

76 Überarbeitete Version des Beitrags gleichen Titels in: Borasio, G. D.; Kutzer, K.; Meier, C. (Hrsg.) (2005): Patientenverfügung. Ausdruck zur Selbstbestimmung – Auftrag zur Fürsorge. Kohlhammer, Stuttgart.

veröffentlicht hat. Darin wird die Patientenverfügung grundsätzlich als Ausdruck der Selbstbestimmung von Patienten anerkannt und als Ausdruck einer Befassung mit der eigenen Sterblichkeit gewertet. Allerdings wird darauf hingewiesen, dass zum Schutz des Patienten «jede Patientenverfügung [...] für ihre Anwendung einer sorgfältigen Interpretation» bedürfe. Insbesondere im Blick auf Patientinnen und Patienten mit Demenz-Erkrankungen wird die «ethische Regel» erstellt: «Patientenverfügungen, die im Blick auf Krankheitszustände formuliert sind, bei denen der Patient zwar urteilsunfähig ist, aber Wünsche, Bedürfnisse und einen Lebenswillen hat und – wenn auch nur mit Einschränkungen – am sozialen Leben teilhaben kann, können nur unter Einschränkungen für den Arzt handlungsleitend sein.»[77]

Die Frage der Demenz-Patienten ist also längst nicht mehr Randthema, sondern einer der Punkte, an dem die Geister sich scheiden. An der Frage, ob Vorausverfügungen auch für Menschen mit einer progredienten Demenzerkrankung ein Mittel sind, um ihre Autonomie zum handlungsleitenden Ausdruck zu bringen, entscheiden sich Sinn und Reichweite von Vorausverfügungen insgesamt. Vor diesem Hintergrund sind meine Überlegungen zu verstehen.

8.1 Der Status der Person und die Frage personaler Identität

Voraussetzung zur Beantwortung der Frage ist die Klärung des Status der Person: Kaum etwas ist im Bioethik-Diskurs so konstant wie die Frage, wer Person ist und was den Status von Person ausmacht. Eine der häufig diskutierten und immer wieder begegnenden Beschreibungen stammt von H. Tristram Engelhardt: Eine Person ist demnach selbstbewusst, rational, frei zu entscheiden und im Besitz eines moralischen Bewusstseins («self-conscious, rational, free to choose, and in possession of a sense of moral concern», Engelhardt 1986). Auch zurückhaltendere Konzepte kommen darin überein, dass eine Person sich durch die Fähigkeit zu bewussten Erfahrungen und absichtsvoller Handlungen auszeichnet («capacities for conscious experiences and for purposive agency», Defanti 2003).

Ein solchermaßen definierter Status als Person trifft auf Menschen mit einer Demenzerkrankung nur in frühen und mittleren, kaum aber im späten Stadium der Krankheitsentwicklung zu. Nur in frühen bis mittleren Stadien ist möglich,

---

77 Evangelische Kirche in Deutschland (Hrsg.) (2005): Sterben hat seine Zeit. Überlegungen zum Umgang mit Patientenverfügungen – Ein Beitrag der Kammer für Öffentliche Verantwortung der EKD, EKD-Texte 80. Von römisch-katholischer Seite ist kein vergleichbarer Text erschienen, der über die «Christliche Patientenverfügung» hinaus auf die Situation von Demenz-Patientinnen und -Patienten eingehen würde.

was unter dem Stichwort «*informed consent*» zusammengefasst ist: Nur ein *informierter, entscheidungsfähiger* Patient, der sich der *Tragweite seiner Entscheidungen* bewusst ist, kann seine Einwilligung zu solchen Maßnahmen geben. Ohne eine solche Einwilligung würde die Vornahme einer Maßnahme erhebliche rechtliche Folgen nach sich ziehen, weil sie einen Eingriff in die Persönlichkeitsrechte des Patienten bedeuten würde, bis hin zur schweren Körperverletzung.

Was aber, wenn eine Person nicht mehr entscheidungsfähig ist und/oder die Entscheidung nicht mehr kommunizieren kann? Im Falle einer Demenzerkrankung ist das in den späten Stufen sicher der Fall. Der Patient oder die Patientin ist dann im rechtlichen Sinne nicht mehr entscheidungsfähig. Das bedeutet aber nicht, dass sie nicht Wünsche und Präferenzen äußern würde oder erkennbare Interessen hätte. Allerdings kann es vorkommen, dass diese im Widerspruch stehen zu früheren Äußerungen aus Tagen, in denen der Krankheitsverlauf noch nicht die Entscheidungskompetenz in Mitleidenschaft gerissen hat.

Es sei eine Frau vorgestellt, für die sich das Problem in konkreter Weise stellt.
Sybille ist eine 54 Jahre alte Patientin in einem fortgeschrittenen Stadium von Alzheimer-Demenz. Sie lebt in einem betreuten Apartment mit einer Schließvorrichtung, die es ihr unmöglich macht, nachts das Apartment zu verlassen und im Park umherzuirren («wandering»). Besuchern erzählt sie, sie lese Krimis, während sie in Wirklichkeit nicht mehr in der Lage ist zu lesen. Sie sitzt meist in einem Sessel, summt vor sich hin und schaukelt vor und zurück. Ihre Angehörigen und Freunde erkennt sie nicht mehr, manchmal scheint sie auch sich selbst im Spiegel nicht zu erkennen. Aktuelle Ereignisse kann sie sich nicht mehr merken. Ihre Freunde sagen, sie sei nicht mehr sie selbst. Nichtsdestotrotz stimmen einige der Freunde überein, dass Sybille trotz ihrer Krankheit einer der glücklichsten Menschen sei, den sie kennen. Einige Jahre zuvor hat Sybille eine Patientenverfügung erstellt und unterzeichnet, in der sie die Aufrechterhaltung lebenserhaltender Maßnahmen untersagt, einschließlich Reanimation im Falle eines Herzstillstandes. Aktuell geht es Sybille gut.[78] Was soll jedoch geschehen, wenn Sybille eine Lungenentzündung entwickeln oder lebensbedrohliche Kreislaufprobleme bekommen würde? Antibiotika oder künstliche Unterstützung ihrer Kreislauffunktionen könnten ihr Leben retten oder erhalten und es ihr ermöglichen, ihren verhältnismäßig guten vorherigen Zustand wieder zu erlangen. (Defanti 2003)

---

78 Der Fall entstammt einer Skizze eines Modellprojekts «Palliativ-geriatrische Beratung in Alten- und Pflegeheimen» des Christophorus-Hospiz-Vereins (CHV) und des Diözesan-Caritas-Verbandes der Erzdiözese München-Freising (Konzeption Sepp Raischl, Christl Orth und Andrea Koppitz), das ich wissenschaftlich begleite (September 2003).

Someone Else? X und Y

Auch wenn klar ist, dass dies in ihrem aktuellen Interesse wäre, stünde es im Widerspruch zu der Verfügung, die sie in Tagen guter Gesundheit erstellt hat. Behalten diese Vorausverfügungen ihre Gültigkeit, auch wenn Sybille sich so verändert hat, dass ihre Freunde meinen, sie sei eine andere Person geworden? Um es noch radikaler zu formulieren: Besteht nicht sogar das Risiko, dass die Befolgung ihrer Patientenverfügung bedeutet, dass Sybille eine Entscheidung aufgezwungen wird, die eine andere Person getroffen hat? (Defanti 2003).

Auf einer abstrakten Ebene formuliert: Eine Person X trifft zum Zeitpunkt T1 eine Aussage über Person Y zum Zeitpunkt T2. Die Frage ist: Handelt es sich bei X und Y um dieselbe Person? Nun dann nämlich könnte X eine Verfügung für Y treffen. In welchem Verhältnis stehen die Willensäußerungen zu unterschiedlichen Zeitpunkten?

Im Fall von Sybille stellt sich das in der Literatur abstrakt diskutierte Problem der personalen Identität ganz konkret. Es stellt sich generell bei allen Arten von Vorausverfügungen, da davon ausgegangen werden muss, dass die Person vom Zeitpunkt der Verfügung bis zu dem der Entscheidungssituation eine Entwicklung durchlaufen hat. An einer Identität zwischen beiden besteht in den meisten Fällen jedoch kein Zweifel. Im Falle einer Demenzerkrankung gehören Persönlichkeitsveränderungen zum Krankheitsbild. Handelt es sich in einem weit fortgeschrittenen Stadium noch um dasselbe Individuum, das vorher seinen Willen bekundete?

Der amerikanische Philosoph David Degrazia geht davon aus, dass ein Patient mit einer Demenzerkrankung sich in seiner Persönlichkeit verändert und es keine Kontinuität über Erinnerung, Absichten und deren Ausführung, Wünsche und Glaubenseinstellungen gibt. Auf einer rein biologischen Ebene bleibe er jedoch unzweifelhaft dieselbe Person (Degrazia 1999). Andere Ansätze beschreiben die Entwicklung von Persönlichkeit und personaler Identität als Abfolge von aufeinander folgenden Stufen. Die Grundfrage bleibt dann aber bestehen: Wie kann man sicherstellen, dass Person Y noch identisch ist mit Person X? Im Falle einer Alzheimer-Demenz wird dies von manchen Autoren aus dem Bereich der Psychologie angezweifelt: Y ist heute die selbe Person wie X nur dann, wenn ein ausreichender Teil des Gehirns existiert und zugleich die Fähigkeit hat, mentale Zustände aufrecht zu erhalten und Erinnerungen bewahrt, die zumindest zum Teil identisch sind mit denen von X (Defanti 2003).[79] Gerade die Fähigkeit des

---

79 «Y today is the same person as X in the past times if and only if a sufficient part of X's brain continues to exist, has the capacity to support mental states and if its recollections are at least in part identical with those of X».

autobiografischen Gedächtnisses wird bei fortschreitender Krankheit beeinträchtigt. Auf einer philosophischen Ebene wird das Problem, ob der Gesunde über sich selbst im Zustand der Demenz verfügen darf, als «*Someone Else Problem*» beschrieben: Bei dem Patienten Y handle es sich bereits um jemand anderen («*someone else*») als Person X. Verfügungen von X über eine andere Person wie Y sind damit nicht denkbar.

«Kernselbst» und «autobiografisches Selbst»

Einen ganz anderen Weg der Beschreibung des Problems und einer Lösung eröffnet die aktuell spannende Debatte zum Leib-Seele-Problem aus der Hirnforschung. Dort wird die Frage nach der personalen Identität in Abhängigkeit von Hirnfunktionen gestellt. Antonio R. Damasio unterscheidet zwei Formen des Bewusstseins: das «Kernbewusstsein» und das «ausgedehnte Bewusstsein». Ersteres ist das fundamentale Bewusstsein, das eng mit dem Kurzzeitgedächtnis und der Emotion verknüpft sei, das kurze Gefühl des Selbst. Dieses sei über die gesamte Lebensspanne eines Organismus pulsierend stabil. Das «ausgedehnte Bewusstsein» verleihe dem Individuum Identität, Bewusstsein für die eigene Vergangenheit und die vorweggenommene Zukunft sowie ein Bewusstsein für die Welt, in der es lebe. Das «ausgedehnte Bewusstsein» vermag autobiografische Erinnerungen zu formen. Beeinträchtigungen des «ausgedehnten Bewusstseins» durch neurologische Schädigungen haben keine Auswirkungen auf das «Kernbewusstsein». Diesen beiden Bewusstseinsformen entsprechen zwei Formen des Selbst: das «Kernselbst» und das «autobiografische Selbst». Das «Kernselbst» ist ein eher flüchtiges Phänomen, das fortwährend neu geschaffen wird. Das in der genannten Diskussion in Frage gestellte Selbst ist das des «autobiografischen Selbst», das sich zwar im Laufe der Zeit entwickelt, aber dennoch «irgendetwas wie es selbst bleibt» (Goller 2000). Auch wenn mir die Diktion nicht zusagt, die durch die Zuschreibung einer Kern-Qualität und einer Ausdehnung eine Wertung der unterschiedlichen Zustände nicht ausschließt, scheinen mir die Differenzierungen sehr hilfreich zu sein für eine Lösungsbemühung des Problems.

Wie deuten wir die Veränderungsprozesse einer Demenzerkrankung so, dass die Frage nach der Patientenautonomie eine zufrieden stellende Lösung erhält? Ich will dies im Blick auf die Folgen eines solchen Ansatzes für Sybille diskutieren. Ist es hilfreich, der späten Sybille ein «Kernselbst» zuzugestehen, aber die neurologischen Voraussetzungen für ein «autobiografisches Selbst» beeinträchtigt zu sehen? Welche Folgen hat das für ihre Entscheidungsfreiheit? Eine Konsequenz könnte sein, dass man dem funktionsfähigen «ausgedehnten Bewusstsein» zu einem frühen Zeitpunkt der Erkrankung, die später vorhandenen «Kernbewusstseins»-Zustände in einem Subordinationsverhältnis denkt. Dies hielte ich für problematisch.

Subordination der Bewusstseinszustände?

Die Auswirkungen eines solchen Subordinationsverhältnisses seien an einer Konkretion demonstriert. Es handelt sich um eine speziell für Alzheimer-Patienten entworfene Patientenverfügung: «Soviel ich weiß, ist die Alzheimererkrankung eine chronische Erkrankung, eine unbarmherzige, langsam voranschreitende neurologische Störung, die mein Gedächtnis, meine Persönlichkeit, meine Denkfähigkeit und meine Fähigkeit, mit anderen zu interagieren, zerstören. Ich werde inkompetent und völlig abhängig werden; in den letzten Phasen wird mein Verhalten höchstwahrscheinlich so weit verkommen, dass ich es inakzeptabel finden werde. Die Krankheit führt unabwendbar zum Tod, letztendlich durch Verhungern, wenn es nicht schon vorher andere Komplikationen gegeben hat.

Während es oft heißt, dass Menschen mit Alzheimer-Erkrankung nicht leiden, möchte ich ausdrücklich betonen, dass ich meine Persönlichkeit und meine klare Denkfähigkeit für meinen wichtigsten Besitz halte, und dass ich ein Leben ohne diesen Besitz nicht akzeptiere. Es wäre eine Form existenziellen Leidens, vor dem mir graust.»

Nach der Bestimmung, von lebenserhaltenden Maßnahmen im Falle einer weit entwickelten Demenz abzusehen, schließt die Verfügung: «Sollte es inzwischen legal sein, verlange ich, dass mein Tod beschleunigt herbeigeführt wird durch Injektion einer tödlichen Dosis von Barbituraten.»[80]

Diese Patientenverfügung gibt eine Antwort auf das gestellte Problem der personalen Identität: Sie spricht davon, dass von einer personalen Identität mit Y nicht mehr ausgegangen werden kann und deshalb das Leben von Y beendet werden sollte. Hier liegt, verursacht durch eine sehr grobe Vereinfachung im Verständnis der personalen Identität, ein Widerspruch vor. Das Recht auf Autonomie von X kann sich nur auf X beziehen, also nur, solange personale Identität besteht. Die Verfügungen von X über Y wären also nichtig.

Die Antwort auf das zweite eingangs gestellte Problem lautet daher: Wenn man Vorausverfügungen als Ausdruck des Selbstbestimmungsrechts begreift, bedarf es bei Erkrankungen wie der Alzheimer-Demenz einer grundsätzlichen Klärung des Verständnisses, was die Identität einer Person und die damit zusammenhängenden Probleme von Autonomie und Selbstverständnis ausmacht.

---

80 Formular unter www.vesv.org.au/pdffiles/advdiralzn.pdf (30.9.2003). Übersetzung TR.

Dabei handelt es sich bei Weitem nicht um ein Randproblem, wie ein Blick auf demografische Daten offenbart: Immerhin sind 4 % aller Menschen mit einem Lebensalter von 70 Jahren von Demenz betroffen; bei 80-Jährigen liegt die Rate bereits bei 13 % – und steigt von da an rapide an. Die durchschnittliche Lebensdauer nach einer klinischen Diagnose beträgt heute acht Jahre, in der es zu einem stetig voranschreitenden Progress der Krankheit kommt.

8.2 Inszenierung von Kommunikation

Dies führt zum zentralen Teil: Welcher Art müssen Vorausverfügungen sein, damit sie den Änderungen der Persönlichkeit Rechnung tragen ohne am Problem der personalen Identität zu scheitern?

Es gibt bekanntlich zwei Formen von Vorausverfügungen für «*End-of-life*»-*Entscheidungen*: Patientenverfügungen und Vorsorgevollmachten.

Beide Typen gehen grundsätzlich unterschiedlich mit der Situation um, für die eine Verfügung getroffen wird, und die man sich szenisch vorstellen muss. Dazu ist es hilfreich, sich die Situation auch szenisch vorzustellen, wie auf einer Theater-Bühne, in der Kommunikationsgeschehen einschließlich definierter Rollen und Textbeiträge inszeniert werden.

Auf einer solchen Bühne befindet sich ein Patient in einem Zustand, in dem ein Gespräch nicht mehr möglich ist. Die behandelnden Mediziner stellen sich die Frage: Was sollen wir mit dem Patienten tun? Sie stehen vor der Aufgabe, sich auf ein angemessenes Therapieziel zu einigen. Laut gültigen rechtlichen Vorgaben bedarf das ärztliche Handeln der Zustimmung des Patienten. Vorsorgeverfügungen versuchen, für diese Situation Kommunikation zu inszenieren. Sie sind gleichsam ein Drehbuch für diese Szene.

a) Im Falle der Patientenverfügung fragen die Entscheidungsträger: «Und was sagt eigentlich die Patientin dazu?» Die Antwort liefert die Patientenverfügung. Sie enthält die imaginiert verbale Äußerung der Patientin für genau diese Situation. Ob die Äußerung passt oder nicht – der Text wird gelesen.

b) Im Falle der Vorsorgevollmacht stehen Ärzteschaft, Angehörige und Pflegepersonal im Besprechungszimmer. An der Stelle, an der gefragt wird: «Was sagt eigentlich der Patient dazu?», meldet sich ein Vertreter und sagt: «Frau Y kann nicht selbst für sich sprechen, hat aber mich beauftragt. Nach allem, was sie mir erzählt hat, würde sie sich in folgender Weise äußern: …» Es handelt sich ebenfalls um eine vom Patienten vorausschauend inszenierte Kommunikationssituation. Die Patientin bestimmt, wer bei diesem Gespräch ihre Rolle übernehmen soll. Sie hat aber nicht den wörtlichen Text vorgeschrieben, sondern die Rolle mit Anweisungen versehen.

In beiden Fällen wird – wie im Theater – eine Gesprächssequenz voraus geplant, allerdings für ein Theater, dessen Bühne nicht eindeutig festgelegt ist. In beiden Fällen versucht der später als nicht entscheidungsfähiger Patient anwesende Autor seine Beteiligung am Spiel festzulegen. Die Alzheimer-Demenz kann es zudem mit sich bringen, dass der Patient sich durch verbale und nonverbale Willensäußerungen dennoch aktiv beteiligt, in Abweichung von seinem früher vorgesehenen Text.

Das Instrument der Vorsorgevollmacht versucht die Autonomie des Patienten unter Zuhilfenahme der personalen Bezüge zur Vertrauensperson zur Geltung zu bringen. Die früheren Äußerungen und die Willensbekundungen der Zwischenzeit bis zur aktuellen Situation werden mittels des Stellvertreters in die Kommunikationssituation eingebracht und müssen so aufeinander bezogen werden, dass sie als aktive Kommunikation des Patienten gewertet werden können.

8.3 Person als Thema theologischer Anthropologie

Damit verbindet sich ein Verständnis von Person, Persönlichkeit und personaler Identität, dessen philosophische Wurzeln noch zu klären sind. Es steht zumindest in der Nähe von Sozialpsychologie oder konstruktivistischer Ansätze. Ein wichtiger Hintergrund ist die Dialogphilosophie im Gefolge von Martin Buber, die es der katholischen Fundamentaltheologie ermöglichte, den Personbegriff konstruktiv aufzunehmen, während sie das Kantische Verständnis verwerfen musste (Schmidinger 1994). Im dialogischen Prinzip stellt der Bezug zum anderen Menschen die konstitutive Grundvoraussetzung dafür dar, dass überhaupt so etwas wie Personalität entsteht: «Der Mensch wird am Du zum Ich», «Person erscheint, indem sie zu den anderen Personen in Beziehung tritt» (Buber 1923). Die Beziehung zum anderen ermöglicht den Selbststand und die Selbstständigkeit des Menschen. In Verbindung mit den sozialpsychologischen und konstruktivistischen Ansätzen ergibt sich der Eindruck, dass die Beziehung zum Du vor allem über «Story-telling» ermöglicht wird. Dies ist für unsere Fragestellung von Belang. Ich möchte aus theologischer Perspektive drei Aspekte benennen.

Person im antiken Drama

Hier kommt ein Verständnis von «Person» zum Tragen, das auf die Ursprünge des Personbegriffs verweist, nämlich im antiken griechischen Drama. Die Maske der Schauspieler hieß Prosopon – es war das Gesicht, das die übrigen Schauspieler und das Publikum zu sehen bekamen und das sich mit der Stimme des Schauspielers verbinden musste, um die Rolle auszufüllen (Gill 1998). Prosopon ist damit ein Begriff, der auf Beziehung hin angelegt ist und durch Inszenierung eine zeitübergreifende Struktur und Substanz transzendierende Bedeutung bekommt. Durch die Beziehung zwischen Maske und Träger kommt die in der Rolle angelegte Identität zum Tragen. Die Maske selbst jedoch vermittelt zwischen dem Abgebildeten (Angesicht), dem Träger und den Kommunikationspartnern. In ihr kommt zur sichtbaren Darstellung, was Max Scheler als den Wert der Personalität bestimmt: «Person ist die konkrete, selbst wesenhafte Seinseinheit von Akten verschiedenartigen Wesens, die an sich […] allen wesenhaften Aktdifferenzen […] vorhergeht» (Scheler 1954). Die Person ist in jedem ihrer Akte konkret präsent, ohne jedoch in diesen aufzugehen.

Im Falle der inszenierten Entscheidungssituation erhält damit die Person mit Demenz die Möglichkeit, präsent zu sein im vollen Bewusstsein der unaufhebbaren Differenz zwischen aktuellem Akt und der diesem zu Grunde liegenden Personalität. Die Beziehung zwischen beiden wird durch den Stellvertreter gewährleistet. Durch das Mittel der Inszenierung ist es jedenfalls möglich, dass ein Patient nicht auf eine einmal als normativ bewertete Stufe seiner Entwicklung festgeschrieben wird. Veränderungen der Person werden mit in Rechnung gezogen, immer jedoch mit den vorherigen Stufen in ein Verhältnis gesetzt. In der Diktion von Damasio wäre dies eine mögliche Weise, zwischen «Kernselbst» und «autobiografischem Selbst» so zu vermitteln, dass die Vertrauensperson als Teil des «ausgedehnten Bewusstseins» fungiert und Äußerungen des «Kernbewusstseins» in einen Zusammenhang mit früheren Äußerungen bringt.

Der Mensch als offenes Wesen

Dem Theologen Wolfhart Pannenberg zufolge zeichnet sich der Mensch durch prinzipielle Offenheit aus: Der Mensch ist offen zur Selbstreflexion, offen für Welterfahrung und offen für Transzendenz. Der Begriff der Weltoffenheit beschreibt eine «Richtung im Prozess menschlicher «Selbstverwirklichung», eines Prozesses, in dem das Selbstsein des Menschen allererst Gestalt annimmt» (Pannenberg 1991). Grundgedanken des dialogischen Personalismus weiterführend beschreibt Pannenberg das menschliche Individuum sozial konstituiert, vor allem durch die

Bezogenheit auf Bezugspersonen des persönlichen Lebenskreises. Dabei ist sowohl das Selbst als auch das Ich des Menschen immer schon durch die Sozialbeziehung mit sich vermittelt. Der Mensch als Subjekt des eigenen Handelns und Verhaltens ist nicht ohne diese Sozialbeziehungen zu denken. Der Personbegriff hat – nach langem Ringen – seinen theologischen Ort jedoch vor allem in der Gotteslehre, genauer in der Trinitätslehre und bezeichnet dort die Beziehungen zwischen Vater, Sohn und Geist. Es geht um ein «Füreinandersein» (Herms 2003). Diese Relationalität bleibt erhalten, wenn der Personbegriff auf den Menschen angewandt wird. Insofern Selbst und Ich sozial konstituiert sind, ist auch der Personbegriff relational zu verstehen. Das Füreinandersein kann in den unterschiedlichen Lebensphasen des Menschen ganz unterschiedlich ausgeprägt sein. Der Personbegriff leistet zudem, das unabschließbare Ganze des individuellen Lebens auszudrücken: «In der Person kommt das Ganze des individuellen Lebens zu gegenwärtiger Erscheinung. [...] Person ist die Gegenwart des Selbst im Augenblick des Ich.»[81] (Pannenberg 1983). Zugleich verweist die konstitutive Bedeutung des Selbst für das Personsein auch dessen soziale Bedingtheit, die Bestimmung durch die Beziehung zu Bezugspersonen und zur gesellschaftlichen Lebenswelt.

Eine Vorsorgevollmacht ist eine Konkretion der sozialen Konstitution der Person. Statt eines autistischen Missverständnisses von Selbstbestimmung kommt in einer Vorsorgevollmacht zum Ausdruck, dass gerade durch die Fürsorge anderer die personale Identität eines Menschen gewahrt und geschützt bleiben kann. Im Blick auf die von Damasio eingeführte Differenz zwischen «Kernbewusstsein» und «ausgedehntem Bewusstsein» muss man ernst nehmen, dass bei einer Demenzerkrankung die Beziehung zwischen beiden Formen des Bewusstseins und damit auch des Selbst nicht mehr durch den Träger gewährleistet werden kann. Akte des Kernbewusstseins, die Willensäußerungen sind, können nicht als Willensäußerungen des autobiografischen Selbst gewertet werden. Dem dialogischen Personalismus entsprechend könnte die Vermittlung beider durch ein Du ermöglicht werden, wohlgemerkt: die Vermittlung, nicht die Subordination des einen unter das andere.

Der Mensch als fragmentarische Existenz

Die Offenheit des Menschen ist aber nur eine Weise, um ein Phänomen des Menschseins zu beschreiben. Offenheit heißt auch: Unabgeschlossenheit. Der Marburger Praktische Theologe Henning Luther hat dies durch den Begriff des Fragments präzisiert: Menschliches Dasein ist immer nur fragmentarisch.

---

81 Pannenberg: Anthropologie, a. a. O., S. 233.

Wie Pannenberg befasst sich auch Henning Luther mit den dynamischen Aspekten der Entwicklung eines Menschen, mit der zeitlichen Erstreckung zwischen Vergangenheit, Gegenwart und Zukunft und rechnet dabei explizit mit Brüchen und Verlusterfahrungen. Gerade hier erweist sich der Begriff des Fragments als tragfähig. Die Vergangenheit ist in der Gegenwart immer nur fragmentarisch präsent, gleichsam als «Ruine»; ebenso gleicht aber auch die Zukunft einer «Baustelle», von der man nicht wisse, ob und wie an ihr weitergebaut werde. Die ästhetischen Konnotationen werden von Luther mit den Emotionen des Schmerzes und der Sehnsucht verbunden. Denn das Wissen um das Fragmentarische sei sowohl eine leidvolle Erfahrung, weil sie Brüche und Verluste bewusst mache, als auch eine hoffnungsvolle Perspektive, weil sie die bestehende Wirklichkeit überschreite. Luther verbindet mit dem Begriff Fragment «das Merkmal der ‹Selbsttranszendenz›» (Luther 1992) und kommt damit den Beschreibungen Pannenbergs nahe.

Ein Mensch ist niemals ganz, sondern immer nur ein Bruchstück dessen, was er war, sein könnte oder sein wird. In der als bruchstückhaft begriffenen Gegenwart steckt jedoch schon immer auch der Verweis auf das Ganze: «Im Fragment ist die Ganzheit gerade als Abwesende auch anwesend.» Diese Beschreibungen gelten wohlgemerkt nicht exklusiv für einen bestimmten Personenkreis, sondern sind generell gültig für alle Menschen. Die Gruppe der an einer Demenzerkrankung Leidenden stellt damit keine Ausnahme von der generellen Regel dar; in ihrem Fall werden die Beschreibungen nur in einem besonderen Ausmaß konkret und alltagsweltlich relevant.

Für die Situation Demenzkranker bietet der Begriff des Fragments einen erhellenden Verständniszugang: Gerade hier ist Vergangenheit bruchstückhaft prägend für die Erfahrung der Gegenwart. Gerade hier wird deutlich, dass Zukunft nur im Modus des Zugesagtwerdens, nicht des Selbstbestimmenkönnens denkbar ist: Im Fragment eröffnet sich dem wohlwollenden Betrachter eine Ahnung des Ganzen.

Sybilles Freunde kennen ihre Vergangenheit, haben sich mit ihr über ihr Selbstbild verständigen können und setzen dies nun in ein Verhältnis zu der Sybille, die sie vor sich haben. Die Freunde garantieren die Kontinuität von Sybille, können aber auch die Veränderungsprozesse bezeugen. Durch die mit einer Vorsorgevollmacht verbundenen Gespräche, durch die Äußerungen in einer Patientenverfügung und im besten Falle durch eine Wertanamnese des Patienten können sie zu einer begründeten Entscheidungsfindung beitragen.

Die Rolle, die die Freunde im Fall von Sybille übernehmen, ist für Lebens- und Ehepartner, für Kinder oder Eltern und für jede andere nahe stehende Person denkbar. Es obliegt der betroffenen und verfügenden Person selbst, zu bestimmen, wer mit dieser verantwortlichen Rolle betraut wird und wer beim Ausfall von Gehirnfunktionen für das autobiografische Bewusstsein einstehen kann.

8.4 Konsequenzen relational vermittelter Autonomie

Einem solchen Person-Begriff entsprechend kann Autonomie nur relational verstanden werden. Friedrich Schleiermacher hat dies geleistet, indem er die menschliche Freiheit, die menschliche Autonomie innerhalb eines Gefühls der völligen Abhängigkeit von Gott beschrieben hat. Der Mensch, der weiß, dass er nicht aus sich selbst ist und auch immer mehr ist, als er von sich weiß, handelt dennoch frei und entscheidet autonom. Die Entscheidungen, die im Bewusstsein einer Abhängigkeit getroffen werden, rechnen mit der Bedeutung von Beziehungen in allen Lebenssituationen.

Dies ist ein mit durchaus ambivalenten Emotionen besetztes Bewusstsein. Im Alterungsprozess allgemein, bei Demenzerkrankungen aber verstärkt nimmt die Abhängigkeit von der Umgebung zu. In einem Lehrbuch psychosomatischer Medizin heißt es dazu: «Mit dem Erleben dieser neuen Abhängigkeit und Hilflosigkeit kommt es zur Wiederbelebung der Gefühle der Abhängigkeit aus der Kindheit in der Kind-Eltern-Beziehung und damit von entsprechenden früheren Konflikten. Neben dem Verlangen nach Hilfe, psychischer Sicherheit und gefühlsmäßigem Zuspruch durch Verwandte, Freunde, Ärzte, Helfer und Pflegepersonal werden auch frühere Konflikte zu den wichtigen Beziehungspersonen der Umwelt reaktiviert. Entweder wird versucht, diese zu beherrschen und zu manipulieren oder sich mit ihnen auseinander zu setzen oder sich ihnen zu unterwerfen. Diese Problematik wird in der Interaktion in Form offener Schuldgefühle, von Hass und Ärger oder aber durch Verdrängung und Leugnung aller gefühlsmäßigen Probleme zur Umwelt sichtbar» (Radebolt 1981). Wie die Abhängigkeit empfunden wird, hängt auch – aber nicht nur – von der Umgebung ab, von der der Patient abhängig ist, zum Teil eben auch von früheren Erfahrungen von Abhängigkeit.

Die Inszenierung einer Gesprächssituation durch eine Vorausverfügung reguliert diese Abhängigkeit, indem bestimmte Personen, zu denen der Patient in einem Grad des Angewiesenseins steht, beteiligt werden: Ärzteschaft, Angehörige, Pflegende. Die Person des Patienten ist an dieser Szene beteiligt. Es genügt jedoch nicht, wenn nur ihr Sprechtext festgelegt ist, also allein eine Patientenverfügung vorhanden ist. Es ist erforderlich, dass die Person in ihrer prinzipiellen Offenheit und Unabschließbarkeit beteiligt wird. Dies geschieht, indem ihre Lebensgeschichte (als ihre Vergangenheit), ihre Wertvorstellungen und ihre Hoffnungen (als Offenheit für Zukunft) im Spiel repräsentiert sind. Wertanamnesen als Beiblatt zu Patientenverfügungen stellen dies sicher, da sie keine abgeschlossene Definition liefern, sondern offen Formulierungen.

Vorsorgeverfügungen inszenieren Kommunikation. Im Idealfall umfasst die Inszenierung die beteiligten Personen und die intendierten Redebeiträge konkret: Eine Vorsorgevollmacht, eine Patientenverfügung in Kombination mit einer

Wertanamnese. Nur dann ist denkbar, dass es zu einer Kongruenz zwischen eintretender und inszenierter Situation kommt. Dieses Konzept macht mit dem beschriebenen dialogischen und fragmentarischen, also theologischen und philosophischen Verständnis von Person ernst. Sinnvoll ist es, ein Du, also eine Vertrauensperson, zu bestimmen, die dem autobiografischen Selbst zu seinem Recht verhilft, wenn es an der konkreten Willensäußerung gehindert ist. Eine Vertrauensperson kann die Vergangenheit und die Zukunftswünsche des Patienten verständlich darstellen und zur Geltung, auch im juristischen Sinne, bringen.

Da relational bedingte und vermittelte Autonomie anfällig ist, bedarf es flankierender Maßnahmen durch die Gesellschaft. Einerseits kann es leicht zu Überforderungen der Vertrauenspersonen kommen – die Praxis ist voll von Erzählungen überforderter und allein gelassener Angehöriger (vgl. Frank 2004). Hier sind unterstützende finanzielle, psychosoziale und seelsorgerliche Maßnahmen für Angehörige notwenig.

Zum andern bedarf es Kontrollinstanzen, um vor Missbrauch zu schützen. Dies geschieht im besten Fall durch den Teil der inszenierten Kommunikation, den eine Patientenverfügung als bindende authentische Willensäußerung des Patienten darstellt. Sie muss nicht exakt auf die Situation anwendbar sein. Sie gibt die Richtung vor, in der sich der Bevollmächtigte äußern kann und soll. Die Entscheidung des Bevollmächtigten muss mit der früheren Äußerung in Einklang zu bringen sein und darf ihr nicht ohne Grund widersprechen. Sollte es begründeten Anlass dafür geben, dass der Bevollmächtigte eigene Interessen statt die des Vollmachtgebers vertritt, ist das Vormundschaftsgericht einzuschalten und der Entzug der Betreuung zu bedenken. Ein solches Verfahren kann nach jetziger Rechtslage durch jede dritte Person angestrengt werden.

Damit möchte ich meine Ausgangsfrage abschließend beantworten: Menschen mit Demenz sind in der Lage, Entscheidungen für das Lebensende zu treffen. Das geratene Mittel dazu ist eine Vorsorgevollmacht, unterstützt durch eine Patientenverfügung.

9 Gestaltungsmöglichkeiten am Lebensende

9.1 Kurative und palliative Behandlungsformen

Karin Wilkening

Der kurativen Medizin im Alter entspricht zum Teil die aktivierende Pflege, beide haben zum Ziel, den Patienten zu heilen und/oder durch Aktivierung verbliebene Selbstheilungskräfte zu stärken. Dafür werden kurzfristige Restriktionen der Lebensqualität (LQ) Betroffener in Kauf genommen, um langfristige Behandlungserfolge zu erzielen. Palliative Versorgung stellt bei allen Diagnose- und Therapie-Maßnahmen die Lebensqualität Betroffener ins Zentrum und versucht vor allem, durch eine effektive Schmerzbehandlung im Sinn einer ganzheitlichen Behandlung des «totalen Schmerzes» die verbleibende Restlebenszeit unheilbar Kranker qualitativ maximal zu verbessern. Auch etwaige kurative Maßnahmen (z. B. die Behandlung von Infekten, siehe Husebö-Dialog)[82] müssen sich diesem Blickwinkel unterordnen. Dies gilt auch für häufig praktizierte Entscheidungen bezüglich einer Verlegung ins Krankenhaus zur medizinischen Behandlung in den letzten Lebenstagen – sowohl von der Häuslichkeit als auch vom Pflegeheim aus. Eine Maßnahme, die nach allem Wissen um Menschen mit Demenz eine extreme Belastung darstellt und selten noch die Lebensqualität der Sterbenden erhöht.

Nach der WHO-Definition gehören zur Zielgruppe einer Palliative-Care-Versorgung «Patienten mit einer nicht heilbaren, progredienten, weit fortgeschrittenen Erkrankung mit begrenzter Lebensdauer, für die das Hauptziel der Begleitung die Lebensqualität ist» (WHO 2002). In diesem Sinn gehören Menschen im Spätstadium einer demenziellen Erkrankung durchaus ins Blickfeld palliativer Maßnahmen, eine Erkenntnis, die sich erst langsam sowohl in Feld der Geriatrie/

---

82 Sandgathe Husebö/Husebö (2001), S. 7 f.

Gerontopsychiatrie als auch der Altenpflege sowie Palliativmedizin durchsetzt (vgl. als eine der ersten hierzu Ferell/Ferell 1996, Volicer/Hurley 1998 sowie später Hanarahn/Luchins/Murphy 2001). Erst in den letzten Jahren etablieren sich auch im deutschen Sprachraum Palliative-Care-Ansätze für die Behandlung alter und demenzkranker Menschen (vgl. Wilkening 2001, Kojer 2002, Wilkening/Kunz 2003). Hier gelten insbesondere andere kommunikative Anforderungen als für die bisher im Focus der Hospizarbeit stehende Klientel der jüngeren Tumorpatienten. Dies bezieht sich nicht nur auf den Umgang mit Schmerzen, sondern auch auf die Rechtsinstrumente der Patientenverfügungen (vgl. Vollmann 2000) sowie die Fragen der Sterbehilfe im weiteren Sinn, die für alle an terminalen Entscheidungsprozessen Beteiligten extrem belastend sind und sowohl langfristig als auch kurzfristig Ethikfragen aufwerfen.

Konsequente individuelle, ganzheitliche Bedürfnisorientierung hat in der palliativen Pflege Vorrang vor medizinisch-pflegerischen Automatismen. Dabei wird dem mitbetroffenen sozialen Umfeld (Angehörige, Pflegende) gleichermaßen Aufmerksamkeit geschenkt – auch angesichts von Trauer und Verlustverarbeitung nach dem eingetretenen Tod. Palliative Behandlungskonzepte im Sinn einer interdisziplinären palliativen Betreuung arbeiten im hospizlichen Sinn mit qualifizierten Freiwilligen als Ressourcen (vgl. hierzu die neuen Qualitätsrichtlinien für ehrenamtliche Hospizhelfer der BAG Hospiz 2005 sowie das spezielle Zusatzcurriculum zur «Begleitung Demenzkranker in der letzten Lebensphase» der BAG Hospiz 2004), um der Enttabuisierung und Ausgrenzung von Krankheits- und Sterbeprozessen in der Gesellschaft entgegen zu arbeiten. Im Sprachgebrauch hat sich durchgesetzt, von palliativen Maßnahmen zu sprechen, wenn es sich eher um hauptamtlich Sorgende handelt, von Hospizarbeit immer dann, wenn auch der gesellschaftliche Aspekt der Enttabuisierung von Tod und Sterben mit der Einbeziehung von Freiwilligenleistungen gemeint ist (vgl. Wilkening/Kunz 2003/2005). Häufig werden die Begriffe aber auch synonym verwendet. Palliative Care ist sowohl in Form einer oben beschriebenen «Haltung» als Basisversorgung für alle sterbenden Menschen hilfreich, als auch als «spezielle Schmerzbehandlung» mit Spezialisten für besonders komplexe Schmerzfragen zuständig.

Personenorientierte Betreuungskonzepte für Demenzkranke und der Palliative-Care-Ansatz haben – quasi als zwei gleichwertige «Scheinwerfer» auf das Lebensende – in ihrer Betonung der Ganzheitlichkeit, Würde und Respekt vor dem Individuum und seinen Rechten auch bei Alter, Krankheit und Behinderung zahlreiche Berührungspunkte. Dabei liegt der Akzent bei Letzterem jedoch zusätzlich bei einer effektiven Schmerzbehandlung und Symptomkontrolle, auch indem er Angehörige und Laien einbezieht und Raum für Trauer und Rituale für Begleitete und Begleiter anbietet (siehe dazu Hockley/Clark 2002, auch mit Fallbeispielen).

9.2 Elemente des langfristigen Planens («advance care planning»)

Kathrin Ohnsorge

Der Verlauf einer Demenz stellt die Betroffenen, die Menschen mit Demenz und deren Angehörige, bis zuletzt vor viele komplexe Entscheidungen, die unter Umständen als äußerst herausfordernd empfunden werden können. Gerade wenn es um Entscheidungen in der letzten Lebensphase geht, wird es häufig für das betroffene Umfeld besonders schwierig, Entscheidungen in Sinne des Willens und Wohls des Menschen mit Demenz zu treffen. Im Verlauf der Erkrankung verschlechtert sich die Entscheidungsfähigkeit. Selbst wenn demenzkranke Menschen nicht mehr alleine entscheiden können, so können sie doch in der Lage sein, am Entscheidungsprozess teilzunehmen. Verlieren demenzkranke Menschen im späten Krankheitsverlauf auch diese Fähigkeit, ist es besonders wichtig zu wissen, was diese in bestimmten Situationen gewollt hätten, damit auch im Spätstadium der Erkrankung die Autonomie dieser Menschen respektiert werden kann.

Es ist wichtig, hier noch einmal zu betonen (vgl. Kap. 3.2 «Autonomie als grundlegendes Werteprinzip»), dass der Mensch mit Demenz zu jedem Zeitpunkt im Verlauf seiner Krankheit alle Rechte einer Person vollumfänglich besitzt und somit auch die Autonomie der Person mit Demenz zu jeder Zeit respektiert werden muss. Um die Wünsche und Vorstellungen des Menschen mit Demenz aber umsetzen zu können und sein Selbstbestimmungsrecht zu jeder Zeit zu respektieren, muss der demenzkranke Mensch seinen Willen erst äußern bzw. müssen die Wünsche und Vorstellungen des Menschen mit Demenz rechtzeitig erfragt werden.

Vor diesem Hintergrund erhält das langfristige und vorausschauende Planen («advance care planning») eine große Bedeutung. Beim langfristigen Planen geht es um das frühzeitige Ansprechen von Fragen und Entscheidungssituationen, auf die im späteren Krankheitsverlauf Antworten bzw. Lösungen gefunden werden müssen. Langfristiges Planen dient dazu, die Menschen mit Demenz in ihrer Selbstbestimmung zu unterstützen, so dass sie ihrem Willen in den diversen Entscheidungen entlang des Krankheitsverlaufs und möglichst bis zuletzt Ausdruck verleihen können. Die Ergebnisse des langfristigen Planens, soweit sie die medizinische und pflegerische Versorgung betreffen, können in einer Patientenverfügung festgehalten werden (siehe Kap. 7 «Patientenverfügungen und Demenz»).

Ein hilfreiches Instrument kann neben der Patientenverfügung auch eine schriftliche «Erklärung der persönlichen Wertvorstellungen» (Statement of Values) sein, in der der demenzkranke Mensch Angaben über seine Wertvorstellungen, Lebensgewohnheiten, Vorlieben und Abneigungen macht. Dazu können Angaben über die eigene Einstellung zu Krankheit und Behinderung, generelle Befürchtungen, Angaben darüber, wie man gepflegt werden möchte, spirituelle und philosophische Einstellungen und Vorstellung und Wünsche hinsichtlich des eigenen Sterbens gehören. Dieses Dokument hat keine rechtliche Funktion, kann aber wertvolle Informationen für die Interpretation von Patientenverfügungen liefern (Vorlage für ein solches «Statement of Values» ist einsichtig bei Alzheimer Europe: www.alzheimer-europe.org).

Langfristiges Planen in der Demenzbetreuung sollte möglichst früh durch das versorgende Umfeld (Ärzte, Pflegende, Pflegeeinrichtungen, soziale Dienste) angesprochen werden. Den betreuenden Ärzten kommt hierbei eine tragende Rolle zu. Dennoch haben Studien gezeigt, dass langfristiges Planen bislang von vielen Ärzten nicht genügend und systematisch mit dem Betroffen vollzogen wird (Cavalieri et al. 2002). Als Gründe für die mangelnde Initiative seitens der Ärzte nennt die Studie: Zeitmangel in der Patientenbetreuung, Mangel an Ausbildung und dem Unterschätzen der Entscheidungsfähigkeit von demenzkranken Menschen in frühen und mittleren Stadien. Cavalieri und Kollegen heben hervor, dass Menschen mit Demenz in frühen und mittleren Stadien zwar die Fähigkeit verlieren können, komplexe Geschehen wie Schachspielen oder Finanzplanung zu vollziehen, dass sie aber sehr wohl Entscheidungen im Rahmen einer Patientenverfügung treffen können. Demenzkranke Menschen sollten daher nicht nur frühzeitig in die Planung einbezogen werden, sie haben auch ein Recht darauf, darin unterstützt zu werden, diese zu erstellen oder bereits erstellte Patientenverfügungen auf die Übereinstimmung mit derzeitigen Wünschen jederzeit neu zu überprüfen.

Auch «Alzheimer Europe» hat in einem Positionspapier zu Patientenverfügungen (Juni 2005) die wichtige Rolle von Ärzten, Gesundheits- und Pflegeeinrichtungen unterstrichen, die Patienten auf die positiven Möglichkeiten einer Patientenverfügung hinzuweisen und über die Natur und die möglichen Konsequenzen der verschiedenen Behandlungsoptionen rechtzeitig aufzuklären.

Zum langfristigen Planen («advance care planning») mit demenzkranken Menschen gehören unter anderem:

- Die Besprechung der Wünsche und Vorstellungen der Betroffenen in Bezug auf die allgemeinen Wohn- und Lebensplanung.

- Das Ansprechen der Sicherheit beim Autofahren, und wann dies bestenfalls aufgegeben werden sollte.

- Das Ansprechen der Finanzplanung, und wann diese bestenfalls übertragen werden sollte.

- Die Diskussion über eine mögliche zukünftige Einweisung in ein Pflegeheim.

- Das Ansprechen von spirituellen Vorstellungen und Wünschen.

- Die Klärung, ob der demenzkranke Mensch bereits eine Vorsorgevollmacht, Betreuungsvollmacht, Patientenverfügung besitzt; falls nicht, dies anregen, falls der oder die Betreffende dies wünscht und ihn/sie dann im Erstellungsprozess dieser Dokumente unterstützen; das Ergebnis sollte allen an der Pflege beteiligten kommuniziert werden (siehe Kap. 7 «Patientenverfügungen und Demenz»).

- Das Ansprechen und Klären von Wünschen und Vorstellungen des demenzkranken Menschen hinsichtlich bestimmter medizinischer, pflegerischer und betreuerischer Maßnahmen. Diese Wünsche sollten in der Patientenverfügung dokumentiert und den Personen mitgeteilt werden, die zur Betreuung vorgesehen sind. Angaben zu Wertvorstellungen können zudem in einer schriftlichen «Erklärung» (Statement of Values) niedergelegt werden.

- Das Ansprechen und Klären von Wünschen und Vorstellungen des demenzkranken Menschen hinsichtlich seines Willens bezüglich spezifischer ethischer Fragen der Betreuung in der Sterbephase (z. B. Ernährung, Reanimation, intensivmedizinische Behandlung). Vor einem Gespräch über die Wünsche in der Sterbephase (auch spiritueller und religiöser Art) sollte aber das Wohlbefinden des Betroffenen abgeklärt werden, solche Themen tatsächlich zu besprechen. Die diesbezüglich geäußerten Wünsche sollten ebenfalls in der Patientenverfügung dokumentiert und den Personen mitgeteilt werden, die zur Betreuung vorgesehen sind.

In den Beratungsgesprächen sollten auch Hinweise auf alle unterstützenden Mittel und Maßnahmen gegeben werden, wie zum Beispiel:

- Hinweise auf die Unterstützung von Betroffenengruppen und sozialen Diensten.

- Empfehlung eines Anwalts, der auf Rechtsfragen älterer Menschen spezialisiert ist.

Langfristiges Planen in der Demenzpflege sollte den demenzkranken Menschen, aber auch seine Angehörigen und das Betreuungsteam mit einbeziehen (Lynn et al. 1999). Die Teilnahme am Entscheidungsprozess ist den demenzkranken Menschen oft noch in frühen, aber auch unter Umständen in mittleren Stadien der Demenzerkrankung möglich (Cavalieri et al. 2002). Sie dürfen daher nicht vom Entscheidungsprozess, selbst wenn er zu diesem Zeitpunkt stellvertretend stattfindet, ausgeschlossen werden. Vielmehr sollten demenzkranke Menschen aktiv dabei unterstützt werden, an Entscheidungen teilzunehmen. Dies erfordert, dass die Aufklärungsgespräche den kognitiven Möglichkeiten der demenzkranken Person angepasst werden, und dass Verstehensprozesse so unterstützt werden, dass die Person, wenn möglich, in die Lage versetzt wird, sich eine Meinung zu bilden und dies entsprechend auszudrücken. In späteren Stadien müssen Wege gefunden werden, die Äußerungen von demenzkranken Menschen zu bestimmten Maßnahmen in ihrer Sinnhaftigkeit zu deuten. Es ist offensichtlich, dass diese komplexen Verstehens- und Verständigungsprozesse nicht nur Zeit, eine besondere Vermittlungsfähigkeit und Einfühlungsvermögen erfordern, sondern spezifische Fachkenntnisse und Schulung voraussetzen, wie dies zum Beispiel spezialisierte Pflegefachkräfte im Sinne der «advanced nursing practice» oder des pflegerischen Case Managements repräsentieren.

Sollten demenzkranke Menschen und deren Angehörige nicht eigens auf die Möglichkeit des frühzeitigen Planens angesprochen werden, können sie auch selbst aktiv werden und bereits zu einem früheren Zeitpunkt von sich aus Information und Unterstützung im Planungsprozess bei Ärzten, Pflegenden, Einrichtungen des Gesundheitswesens und Selbsthilfegruppen einholen (z. B. über die Website der Deutschen Alzheimer Gesellschaft: www.deutsche-alzheimer.de). Die Stadien des zeitlichen Pflegeverlaufs in **Abbildung 1** (nach Aneshensel et al. 1995) veranschaulichen hier auch die jeweiligen möglichen Kontaktpartner.

9.3 Ethische Fragen am Lebensende

Kathrin Ohnsorge

Demenzkranke Menschen sollen würdig sterben können. Ein würdiges Sterben erfordert in jedem Fall eine umfassende, personenzentrierte Pflege und adäquate medizinische Versorgung bis zuletzt. Zu den ethischen Fragen, die am Ende des Lebens auftauchen, gehört jedoch auch die Frage, wann auf kurative oder lebenserhaltende Maßnahmen in der medizinischen Betreuung verzichtet werden darf. Meist treten solche Fragen in gesundheitlichen Krisen auf, zum Beispiel wenn über die Behandlung oder Nichtbehandlung einer Lungenentzündung mittels Antibiotika, eine Hospitalisierung oder eine intensivmedizinische Behandlung diskutiert werden muss. Solche Fragen können aber auch entstehen, wenn deutlich wird, dass eine bereits laufende medizinische Maßnahme, zum Beispiel künstliche Ernährung, den demenzkranken Menschen gegen Lebensende eher belastet oder von ihm vermutlich unter veränderten Bedingungen nicht mehr gewünscht würde.

In solchen Situationen stellt sich die Frage nach dem anzustrebenden Therapieziel. Während bis zu diesem Zeitpunkt das primäre Therapieziel die Lebenserhal-

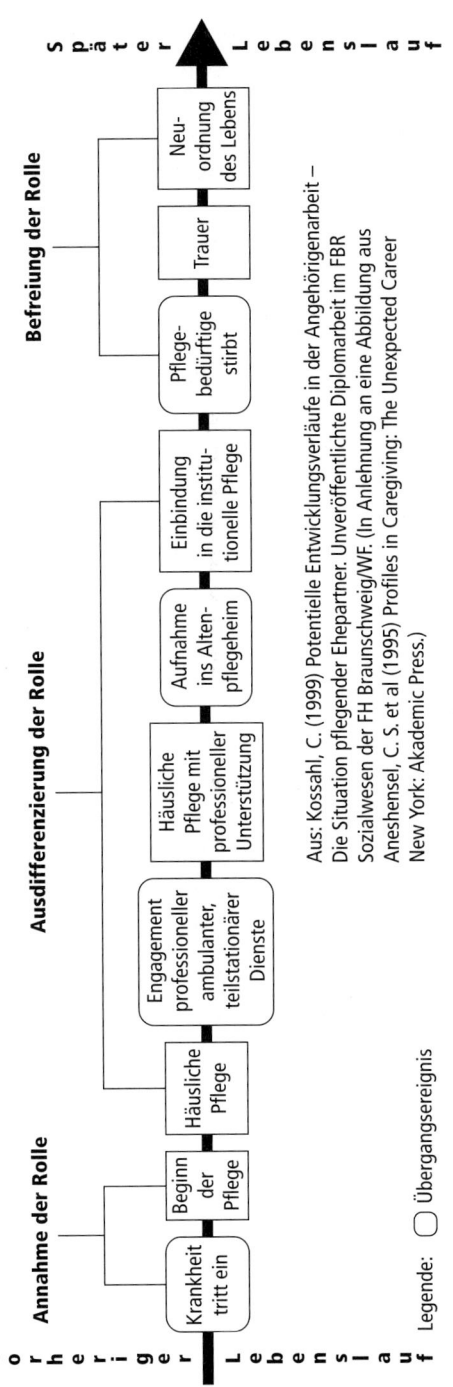

Abbildung 1: Stationen des zeitlichen Verlaufs der Angehörigenpflege

Aus: Kossahl, C. (1999) Potentielle Entwicklungsverläufe in der Angehörigenarbeit – Die Situation pflegender Ehepartner. Unveröffentlichte Diplomarbeit im FBR Sozialwesen der FH Braunschweig/WF. (In Anlehnung an eine Abbildung aus Aneshensel, C. S. et al (1995) Profiles in Caregiving: The Unexpected Career New York: Akademic Press.)

tung und -verlängerung war, kann in solchen Situationen am Lebensende der Schritt zu einer palliativen Betreuung und Behandlung mit dem primären Therapieziel der Sicherung der Lebensqualität sinnvoll werden. Entscheidungen zur Therapiezieländerung können immer nur differenziell für den Einzelfall getroffen werden und müssen im Einklang mit dem erklärten oder mutmaßlichen Willen des demenzkranken Menschen stehen (Kriterien und Vorgehen bei Entscheidungen siehe unten).

Ziel der palliativmedizinischen und -pflegerischen Versorgung ist es, während der letzten Lebensphase die bestmögliche Lebensqualität für Patienten und deren Angehörige zu schaffen, Leiden und Schmerz zu lindern und psychosoziale und spirituelle Bedürfnisse zu beantworten (Ten Have/Clark 2002). Ist dieser Schritt medizinisch und ethisch angemessen, bedeutet dies keinesfalls, den demenzkranken Menschen aufzugeben, sondern steht vielmehr für die Kontinuität der Bemühung um die beste medizinische Betreuung und Pflege, wie Borasio und Kollegen (2003) unterstreichen: «Eine palliativmedizinische Behandlung am Lebensende stellt weder eine «Minimaltherapie» noch einen «Therapieabbruch» dar, sondern die Fortführung der für diesen Patienten optimalen Therapie bei geändertem Therapieziel. Die Lebensverlängerung wird dabei durch die Maximierung der Lebensqualität als primäres Therapieziel abgelöst.» Selbst wenn das Therapieziel nicht mehr ein kuratives ist, sind Ärzte und Pflegende in jedem Fall verpflichtet, für die Basisbetreuung des Patienten zu sorgen. Dies bedeutet unter anderem eine «menschenwürdige Unterbringung, Zuwendung, Körperpflege, Lindern von Schmerzen, Atemnot und Übelkeit sowie Stillen von Hunger und Durst» (Grundsätze der Bundesärztekammer zur ärztlichen Sterbebegleitung 2004).

Diverse professionelle Richtlinien und Standards regeln derzeit die Rahmenbedingungen der Sterbebegleitung (für die Diskussion der derzeitigen rechtlichen Situation siehe Kap. 7 «Patientenverfügungen und Demenz»). Zum Beispiel hält die Bundesärztekammer in ihren «Grundsätzen zur Sterbebegleitung» fest: «Maßnahmen zur Verlängerung des Lebens dürfen in Übereinstimmung mit dem Willen des Patienten unterlassen oder nicht weitergeführt werden, wenn diese nur den Todeseintritt verzögern und die Krankheit in ihrem Verlauf nicht mehr aufgehalten werden kann» (Grundsätze der Bundesärztekammer zur ärztlichen Sterbebegleitung 2004). Dies gilt auch für Patienten, die sich zwar noch nicht direkt im Sterben befinden, aber «nach ärztlicher Erkenntnis aller Voraussicht nach in absehbarer Zeit sterben werden, weil die Krankheit weit fortgeschritten ist». Zu dieser Patientengruppe können nach ärztlicher Abwägung auch demenzkranke Menschen im letzten Lebensabschnitt gehören. Gerade im Fall von Demenz ist es aber besonders schwierig abzuschätzen, wann dieser Zeitpunkt eintritt (siehe Diskussion unten). Bei diesen in absehbarer Zeit sterbenden Patienten kann dann «eine Änderung des Behandlungsziels indiziert sein, wenn lebenserhaltende Maßnahmen Leiden nur verlängern würden und die Änderung des Therapieziels dem Willen des Patienten entspricht. An die Stelle von Lebensverlängerung und Lebenserhaltung treten dann palliativmedizinische Versorgung einschließlich pflegerischer Maßnahmen» (Grundsätze der Bundesärztekammer zur ärztlichen Sterbebegleitung 2004). Ob eine lebensverlängernde Maßnahmen indiziert ist oder ob auf sie verzichtet oder sie abgebrochen werden kann, hängt somit ebenfalls vom generellen Therapieziel ab, über das zuerst ein Konsens gefunden werden muss (Borasio et al. 2003).

Ethische Grundlagen der Therapiezieländerung

Ethisch gesehen begründet sich die Therapiezielentscheidung für eine palliative Versorgung und auch der Verzicht oder Abbruch lebenserhaltender Maßnahmen im Prinzip der Fürsorge und im Prinzip des Nicht-Schadens. Sie beruht auf der Akzeptanz des menschlichen Sterbens und der Überlegung, dass ein Sterbevorgang nicht durch lebenserhaltende Therapien künstlich in die Länge gezogen werden darf. Dem demenzkranken Menschen wird damit wie allen Patienten ein Recht auf ein würdevolles Sterben zugestanden. Zudem besitzt der Patient ein Recht auf eine angemessene medizinische und pflegerische Versorgung, was einerseits eine Unterversorgung oder Vernachlässigung am Lebensende selbst in Zeiten der Mittelknappheit im Gesundheitswesen verbietet, als auch eine mögliche «Überversorgung» im Sinne einer nicht indizierten oder vom Betroffenen nicht gewollten medizinischen Maßnahme ausschließt.

Das wichtigste Kriterium für die Entscheidungsfindung bleibt aber aus ethischer Sicht der geäußerte oder der mutmaßliche Wille des demenzkranken Menschen und somit dessen Recht auf Selbstbestimmung. Jeder medizinische Eingriff erfordert die Zustimmung des Patienten (bzw. seines Stellvertreters), nachdem dieser in einem persönlichen Gespräch über die Maßnahmen und möglichen Behandlungsalternativen aufgeklärt worden ist (informierte Zustimmung). Das Konzept der informierten Zustimmung schließt auch ein, dass der Patient sich aufgrund seiner persönlichen Werte gegen eine medizinische Maßnahme entscheiden kann, selbst wenn dies den Vorstellungen des beratenden Arztes oder den aus ärztlicher Sicht gebotenen Therapiemaßnahmen widerspricht (Grundsätze der Bundesärztekammer zur ärztlichen Sterbebegleitung 2004). Das deutsche Ärzterecht hält für diesen Fall fest, dass jede Behandlung gegen den Willen einer entscheidungsfähigen Person eine Körperverletzung darstellt (einsehbar unter www.alzheimer-europe.org: Lawnet: National Report Germany). Dieses Recht kommt dem Patienten unabhängig von der Art seiner Erkrankung, seines Krankheitszustandes oder seiner Lebenserwartung zu. Behandlungen können somit zu jedem Zeitpunkt im Verlauf der Erkrankung abgelehnt oder abgebrochen werden, solange der Patient entscheidungsfähig ist und die Entscheidung freiwillig und informiert erfolgt. Ist nun der Patient nicht mehr entscheidungsfähig, wie es häufig der Fall bei sterbenden demenzkranken Menschen ist, so kann entweder auf seinen früher geäußerten Willen (in Form einer Patientenverfügung) zurückgegriffen werden oder sein mutmaßlicher Wille wird durch einen durch ihn zuvor benannten Bevollmächtigten oder einen gesetzlichen Betreuer ermittelt und vertreten (siehe auch S. Reiter-Theil in: «Lehrbuch für Palliativmedizin»).

Komplexität des Entscheidungsprozesses bei Demenz

Obwohl gegen Ende des Lebens die Beteiligten häufig darin übereinstimmen, zum Wohl des demenzkranken Menschen auf invasive medizinische Maßnahmen eher zu verzichten, um unnötiges Leiden zu ersparen und den letzten Lebensabschnitt und die Phase des Sterbens ruhig und würdevoll zu gestalten, fällt es in den konkreten Situationen den Beteiligten oft sehr schwer, solche Entscheidungen zu treffen. Dies liegt nicht nur daran, dass die Betroffenen zu diesem Zeitpunkt meist nicht mehr nach ihrem Willen befragt werden können oder besonders Angehörige sich häufig zum ersten Mal mit solchen Fragen konfrontiert sehen. Besonders in der Demenzbetreuung beinhalten diese Entscheidungssituationen, die auch in anderen Krankheitszusammenhängen verständlicherweise als äußerst herausfordernd empfunden werden, einige zusätzliche Schwierigkeiten:

1. Entscheiden zum richtigen Zeitpunkt.
Die Entscheidung, wann der Zeitpunkt für eine Therapiezieländerung hin zu einer rein palliativen Versorgung gekommen ist, kann bei demenzkranken Menschen als besonders herausfordernd empfunden werden, da die Krankheit langsam voranschreitet und es häufig nicht offensichtlich ist, wann die letzte Lebensphase begonnen hat. Anders als bei anderen Erkrankungen kann es bei einer Demenz zu Krisen kommen, die nach einer entsprechenden Behandlung erneut zu einer relativen Stabilisierung führen, wenn meist jedoch auf einem neuen, eingeschränkteren Niveau der kognitiven und physischen Funktionalität (Sachs et al. 2004, Lynn 2001). Dabei ist es schwer absehbar, welche dieser Krisen «terminal» verläuft. Da nicht die Demenzerkrankung selbst, sondern weitere Erkrankungen zum Tod führen, macht dieser Umstand es für die Beteiligten häufig äußerst schwierig zu entscheiden, wann im Sinne des Wohls des Menschen mit Demenz auf kurative oder lebenserhaltende Maßnahmen verzichtet werden kann. Betreuende Ärzte sollten bei der Entscheidungsfindung eine zentrale Rolle spielen und

die Diskussion über das Therapieziel unter Abwägung der Wünsche des demenzkranken Menschen und der möglichen Nutzen und Belastungen der Behandlungsoptionen leiten (über den Prozess der Entscheidungsfindung und die Kriterien siehe weiter unten). Auch wenn die Frage nach dem angemessenen Zeitpunkt
einer Therapiezieländerung immer im Einzelfall entschieden werden muss, werden in der Literatur «Meilensteine» im Krankheitsverlauf genannt, die darauf hin-
deuten, wann es angebracht sein kann, das Gespräch über eine Änderung des
Therapieziels von einer kurativen zu einer palliativen medizinischen und pflegerischen Betreuung zu suchen (z. B. bei Sachs et al. 2004).

2. Psychologische Hürden.
Eine weitere Schwierigkeit bei anstehenden Entscheidungen über Therapieziel-
änderungen bei Demenz kann darin liegen, dass das betreuende Umfeld (Angehörige, Pflegende, Therapeuten, Ärzte) über den langen Krankheitsverlauf häufig in
einem sehr engen Betreuungsverhältnis zum demenzkranken Menschen steht und
sich meist der Pflege und Betreuung mit hohem Einsatz widmet. Ein Verzicht auf
eine kurativ-therapeutische Maßnahme kann daher von ihnen unter Umständen
als ein Akt der Vernachlässigung des demenzkranken Menschen oder der eigenen
persönlichen Niederlage erlebt werden, Schuldgefühle können entstehen (Solo-
mon/Jennings 1998). Auch ist zu bedenken, dass Familienangehörige, die sehr in
die Pflege involviert sind, auf solche Fragen eventuell anders reagieren als Angehörige, die dem Kranken weniger nahe stehen oder weniger in die Pflege involviert sind. Um Missverständnisse zu vermeiden, ist es wichtig, gemeinsam zu
erklären, dass es bei Entscheidungen über den Einsatz lebenserhaltender Maßnahmen in jedem Fall weiterhin darum geht, unter Respektierung des Willens des
demenzkranken Menschen die bestmögliche Lebensqualität für ihn oder sie zu
verwirklichen. Der Verzicht auf lebenserhaltende Maßnahmen, um in der Sterbephase unnötige Belastungen zu ersparen oder um den Willen des demenzkranken
Menschen umzusetzen, kann nach Prüfung im Einzelfall die ethisch angemessene
Entscheidung sein und somit die Kontinuität einer optimalen Therapie und
Pflege bedeuten (für die Kriterien der Entscheidung siehe unten).

3. Sprechen über Therapiebegrenzung.
Schließlich fällt das Gespräch über diese Entscheidung häufig allen Beteiligten
schwer. Ein frühzeitiges Ansprechen der anstehenden Entscheidungen kann aber
helfen, Schwierigkeiten vorzubeugen und zu entschärfen, eventuell auch den
möglicherweise damit verbundenen psychischen Druck bei den Beteiligten. Die
Palliativmedizin und -pflege hat zudem bereits gute Ansätze für Gesprächsfüh-
rung und Kommunikationskonzepte entwickelt, wie sie der Literatur im Anhang
(z. B. Davy/Ellis 2002, Lee et al. 2002, Lynn 2001, Fins/Solomon 2001, Stagno et

al. 2000) und der Broschüre von Sandgathe Husebö/Husebö (2001, S. 7 f.) entnommen werden können.[83] Als ein beispielhaftes Modell sehen wir zudem das «Netzwerk Abschiedskultur» von Wilkening/Kunz (2003, siehe weiter unten) an.

Entscheidungen über die Änderung des Therapieziels

Da diese Entscheidungen für alle Beteiligten – auch im Nachhinein – häufig äußerst komplex sind, sollten sie unter Einbezug aller dem demenzkranken Menschen nahe stehenden Personen (Bevollmächtigte bzw. Betreuer, nächste Angehörige, Pflege- und Betreuungspersonen, Ärzte, Seelsorger etc.) diskutiert und möglichst im Konsens getroffen werden. Häufig können die Personen, die in Pflege und Betreuung dem Betroffenen besonders nahe stehen (Angehörige und Pflegende), am besten Auskunft geben und sollten daher unbedingt am Entscheidungsprozess beteiligt werden. Während die betreuende Ärztin bzw. der betreuende Arzt letztlich die Verantwortung tragende Rolle innehat, geht es in der konkreten Entscheidung um die Verwirklichung des Willens und des Wohls des demenzkranken Menschen in einem interdisziplinären Diskurs unter Einbezug der Angehörigen. In schwierigen Fällen kann es hilfreich sein, ein klinisches Ethikkonzil einzuberufen, um den Fall mit professioneller ethischer Unterstützung zu diskutieren (Reiter-Theil 2005). Der Konsens für eine palliativmedizinische Versorgung und Pflege orientiert sich an der derzeitigen Situation des demenzkranken Menschen, was bedeutet, dass der Konsens unter veränderten Bedingungen, zum Beispiel einer Stabilisierung, neu überdacht werden muss.

Die Entscheidung des Therapieziels hängt von zwei Kriterien ab: Zum einen muss die Belastung von anstehenden oder bereits laufenden diagnostischen, therapeutischen oder intensivpflegerischen Maßnahmen für den demenzkranken Menschen abgewogen und dagegen überprüft werden, ob der Patient unter medizinischen Gesichtspunkten von diesen profitiert. Dabei ist die Entscheidung, eine palliativmedizinische und -pflegerische Betreuung durchzuführen, aber nicht mit dem generellen Verzicht auf intensivmedizinische Maßnahmen gleichzusetzen. Vielmehr können gerade im Sinne des primären Therapieziels «Lebensqualität»

---

83 Hier wird der Dialog zwischen Dr. Sandgathe Husebö, Chefärztin des Roten Kreuz Pflegeheims in Bergen, und dem Angehörigen einer Patientin im fortgeschrittenen Stadium der Demenz geschildert. Mit 200 Plätzen ist es das größte Pflegeheim Norwegens, in dem 1998 das erste nationale Projekt «Palliative Care für alte Menschen» gestartet wurde. Der Allgemeinzustand der Patientin hat sich in den letzten Monaten zusehends verschlechtert und nun muss im Fall einer akuten doppelseitigen Lungenentzündung die Frage einer Behandlung mit Antibiotika abgewogen werden: «Welches ist jetzt die richtige Entscheidung?»

diese Maßnahmen bis zum Schluss zum Einsatz kommen, wie Wilkening und Kunz (2003) betonen: «Zentral ist eine professionelle Palliative Care mit guter Schmerzlinderung und Sterbebegleitung, jedoch ohne die kurativen und rehabilitativen Maßnahmen zu vergessen, welche ganz wesentlich zur Lebensqualität beitragen. [...] Eine sorgfältige Analyse dieser Symptome bezüglich Ursache, notwendigen, sinnvollen und zumutbaren Abklärungen und kausalen Therapiemöglichkeiten wird zur Beantwortung der Frage führen, ob kausale und rehabilitative Behandlungsschritte einzuleiten sind oder eine rein symptomatische, palliative Therapie indiziert ist.»

Die medizinische Nutzen-Belastungs-Abwägung muss generell vor dem Hintergrund des Willens und der Wertvorstellungen des demenzkranken Menschen interpretiert werden. Als zweites Kriterium gilt daher der Wille des demenzkranken Menschen: Ist der Mensch mit Demenz noch entscheidungsfähig, so muss er selbstverständlich selbst Auskunft darüber geben und entscheiden. Häufig treten diese Fragen jedoch erst zu einem Zeitpunkt auf, an dem der demenzkranke Mensch sich nicht mehr selbst äußern kann. Hier tritt dann sein Wille in Form der Patientenverfügung in Kraft, sofern eine solche abgefasst wurde. Obwohl der in der Patientenverfügung geäußerte Wille grundsätzlich bindend ist, sofern er auf die konkrete Situation zutrifft, ist es sinnvoll, eine Patientenverfügung im Team (Arzt, Pflege, Bevollmächtigter, Angehörige etc.) zu diskutieren, um sicher zu gehen, dass die Patientenverfügung zum Zeitpunkt des Wirksamwerdens noch dem Willen des Verfassers entspricht (zur ethischen und rechtlichen Diskussion um die Verbindlichkeit von Patientenverfügungen siehe Kapitel 7 «Patientenverfügungen und Demenz», siehe auch: Schermer 2003, Vollmann 2001, Lynn et al. 1999, Agich 1995). Die Deutsche Alzheimer Gesellschaft hat zu diesem Zweck einen Leitfaden entwickelt, der verschiedene Möglichkeiten des Einbezugs der Beteiligten je nach sozialer Eingebundenheit des demenzkranken Menschen aufzeichnet (einsichtig unter: www.deutsche-alzheimer.de).

Ist keine Patientenverfügung vorhanden, ist die Erklärung einer durch den demenzkranken Menschen zuvor bevollmächtigten Person in Gesundheitsfragen bzw. eines Betreuers maßgebend. Ist weder eine Patientenverfügung noch ein Bevollmächtigter oder ein gesetzlicher Betreuer vorhanden, so muss der Arzt in Absprache mit dem Betreuungsteam und den Angehörigen oder nahe stehenden Personen den sogenannten «mutmaßlichen Willen» des demenzkranken Menschen eruieren. Hier wird häufig übersehen, welche maßgebende Bedeutung den Angehörigen in solch einer Situation zukommt (Reiter-Theil et al. 2003). Sollte auch der mutmaßliche Wille mangels Kenntnis des Patienten – wie das häufig bei allein stehenden Personen der Fall ist – nicht zu ermitteln sein, so sollte der Arzt gemeinsam mit dem Betreuungsteam die ärztlich und pflegerisch indizierten Maßnahmen festlegen («Best interest-Standard»), wobei im Zweifelsfall für die

Lebenserhaltung entschieden werden muss (siehe: Grundsätze der Bundesärzte-kammer zur ärztlichen Sterbebegleitung 2004).

Aspekte bei der Entscheidung über den Einsatz lebenserhaltender Maßnahmen am Lebensende

1. Wer ist daran beteiligt? Dies ist je nach Situation zu entscheiden. Am besten finden solche Gespräche im Team unter Einbezug der Angehörigen statt.

2. Wer ist Verantwortungsträger? Letztlich der betreuende Arzt, die betreuende Ärztin.

3. Aufgrund welcher Kriterien wird entschieden?
   a) medizinische Indikation
   b) Wille des Patienten.

Abgestuftes Vorgehen bei der Eruierung des Patientenwillens:

1. Der demenzkranke Mensch ist entscheidungsfähig: Einwilligung durch den demenzkranken Menschen.

2. Der demenzkranke Mensch ist nicht entscheidungsfähig:
   a) Patientenverfügungen (Interpretation durch Teamberatung z.B. nach dem Modell der Deutschen Alzheimer Gesellschaft)
   b) Stellvertreter/Betreuer/Vormundschaftsgericht
   c) rein mutmaßlicher Patientenwille
   d) «Best Interest»: medizinisch indizierte Maßnahmen.

(Modifiziert nach: Grundsätze der Bundesärztekammer zur ärztlichen Sterbe-begleitung 2004).

9.4 Ein «gutes Sterben» für Menschen mit Demenz – Sterbeort und letzter Wunsch

Karin Wilkening

Da die meisten Todesfälle im Alter – insbesondere von allein stehenden Frauen (vgl. Bickel 1998) – immer noch in Institutionen geschehen (davon ca. 1/3 im Heim, der Rest wird oft in den letzten Stunden noch ins Krankenhaus gebracht, dort sterben ca. 50 %) sind Fragen zum Sterben im Alter häufig Fragen zum Sterben in stationären Pflege-Einrichtungen.

In Untersuchungen zu den Rahmenbedingungen eines «guten Sterbens» (vgl. Smith 2000, Steinhauser et al. 2000), in denen Angehörige, Bewohner und Pflegekräfte befragt wurden, sind immer wieder übereinstimmende Aspekte – von den allerdings nicht mit Demenz Befassten – genannt worden: Sterbende möchten informiert sein über ihr nahes Ende; sie wollen Gelegenheit haben, Dinge zu vollenden und Abschied zu nehmen; sie wollen Schmerzkontrolle haben, möglichst sich auch verabschieden können und keine Last für ihr Umfeld darstellen sowie eine Mitbestimmung zumindest über die Frage des Sterbeorts haben sowie über die Frage, wer beim Sterben dabei ist bzw. nicht dabei ist.

Wie demenzkranke Menschen zu ihrem Sterben stehen – ob sie Angst haben, es herbei sehnen, es akzeptieren – darüber ist wenig bekannt. Sicher ist, dass auch sie bei unbehandelten körperlichen Schmerzen leiden, dass auch sie Sicherheit und Geborgenheit suchen und sich an manchen Sterbeorten und mit manchem Begleiter wohler fühlen als mit anderen. Sicher ist auch, dass sie Gefühle der Trauer teilen können und das Eingebundensein in gemeinsame Rituale positiv erleben und auf diese Weise nichts dagegen spricht, sie an den Verabschiedungen Verstorbener teilnehmen zu lassen und so dem Sterben einen natürlichen Stellenwert im Heimleben zu geben. Gerade die emotionale Ansprechbarkeit verlangt eine solche Wahrhaftigkeit auch im ritualisierten Umgang mit diesen Themen. Gleichzeitig können so auch Äußerungen über eigene Vorlieben und Abneigungen zum Sterben erfolgen und dokumentiert werden. Weiter unten wird der Anteil des Umfelds für eine solche «Abschiedskultur» einer Einrichtung weiter ausgeführt.

Die WHO hat an mehreren Stellen auf die palliative Unterversorgung von Menschen mit Demenz hingewiesen (vgl. dazu die Untersuchungen von Morrison/Siu 2000, Feldt et al. 1998 sowie Kunz 2003). Das Problem bezieht sich sowohl auf die Schwierigkeit des Schmerzempfindens und -äußerns beim dementen Menschen sowie auf die Fähigkeit zur Schmerzerfassung und -behandlung. Therapeuten, Mediziner und Pflegekräfte müssen hierin geschult werden, diesen Bedarf nicht zu unterschätzen. Insbesondere mit Wurzeln in der französischen Schweiz sind inzwischen mit DOLOPLUS und ECPA neue wirksame Beobachtungsinstrumente zur Schmerzerfassung und Behandlung von Menschen mit eingeschränkter kommunikativer Kompetenz entwickelt und erprobt worden (Kunz 2002), die auch den Einsatz morphinhaltiger Medikamente bei starken Schmerzen für Menschen mit Demenz in Verbindung mit anderen Erkrankungen (z. B. Tumorschmerzen) erlauben. Dabei gilt es, das Konzept des «totalen Schmerzes» mit seinen sämtlichen psycho-sozio-somato-spirituellen Komponenten auch bei Demenz stets vor Augen zu haben, um die in vielen anderen Workshops erwähnten Strategien wie zum Beispiel die Betonung nonverbaler Kommunikation, Körperkontakte, das Erkennen biografischer Vorlieben zu bestimmten Musikstücken oder vertrauten, auf die Biografie bezogenen Texten sowie insgesamt von der Biografie abgeleitete Freude an bestimmten Gerüchen, Speisen oder auch den Kontakt mit Tieren im Sinn einer konsequenten Personenorientierung neben der Medikamentengabe mit einzubeziehen.

Möglicherweise sind die im Zuge der Demenzerkrankung beobachtbaren kognitiven Veränderungen des Kranken, die ein Verschwimmen der zeitlichen Grenzen zwischen Vergangenheit, Gegenwart und Zukunft mit einem Leben vor allem im Hier und Jetzt zur Folge haben, auch Chancen einer anderen «Weltsicht», die im Angesicht des Sterbens nicht nur Nachteile hat. Von Hospizhelfern wird immer wieder berichtet, dass sie in der Begleitung von Menschen mit Demenz deren spontane «Unmittelbarkeit» als beeindruckend erleben. Sie selbst haben das Zulassen einer solchen Spontanität oft erst in Seminaren zur Überwindung von Ängsten im Angesicht des Todes mühsam einüben müssen, und hier finden sie es im Zuge der Demenz scheinbar bereits vor. Menschen mit Demenz suchen häufig Personen, die es nicht mehr gibt und erkennen gleichzeitig diejenigen nicht mehr, die sie umgeben – was sie in den sie Umgebenden erkennen oder nicht, können andere meist nur ahnen. Auf diese Weise verändern sich Abschiednehmen und Trauern – da sie eine klare Zeitperspektive verlangen. Vielleicht liegen darin aber auch Chancen, die sich uns «Gesunden» vor lauter «Todesängsten» so kaum erschließen? Es bleibt die Bedeutung und das Erkennen von Ritualen auch in der Trauer, die so zumindest punktuell und als zugelassene und wertgeschätzte Emotion Raum findet. Wer sagt uns, dass nicht die Suche dementer Menschen nach dem «Zuhause» genau die Sehnsucht nach einem Ort der Ruhe, Kraft und Geborgenheit widerspiegelt, der uns in vielen Religionen nach dem körperlichen Tod erwarten soll? Die immer wieder in Einzelfällen beobachtete Empfänglichkeit von Menschen mit Demenz gegenüber vertrauten, auch religiös gefüllten Symbolen und Handlungen (vgl. dazu konkrete Anregungen für die seelsorgerliche Praxis auch in Jewell 1999 und Depping 1993 sowie die «Taizé-Gebetsstunden mit Demenzkranken» bei Lärm 2000) gibt dem Thema Spiritualität einen besonderen Stellenwert im Rahmen einer Altenpflege nicht nur am Lebensende (vgl. dazu die praxisbezogenen Ausführungen zum Thema Abschiedsrituale im KDA «Qualitätshandbuch Leben mit Demenz»/2001 und in Pro Alter 2/2005).

Da im Vorfeld des Sterbens Demenzkranker, nicht nur bedingt durch die Sprachprobleme des Sterbenden, sondern auch durch Berührungsängste der Pflegenden mit dem Thema Tod (Salis/Gross 2001), oft Sprachlosigkeit und Unruhe herrscht, ist insbesondere für die Angehörigen, zum Teil aber auch für die Pflegekräfte, Zeit zum Abschiednehmen vom Sterbenden ein wichtiger Teil eines «guten Endes» einer von ihnen lange zurückliegend begonnenen Pflegeaufgabe, die bei einem Sterben mit überstürztem medizinisch-pflegerischem Aktionismus am Krankenbett häufig Schuldgefühle bei allen hinterlässt und bei Pflegenden ein «Ausbrennen» mit beruflichem Ausstieg beschleunigt (Vachon 2003). Am Totenbett können von den Angehörigen auch vermisste Teile der Person vor Beginn der Demenzerkrankung langsam wieder erinnert werden und so im Sinn einer «Befreiung aus der Pflegerolle» (vgl. in Abb. 1, S. 105, das Modell des Zeitverlaufs der Angehörigenkarriere von Aneshensel et al. 1995) die eigene Trauerarbeit begonnen werden.

Ein differenziertes Würdeverständnis am Lebensende

Häufig wird nicht unterschieden zwischen inhärenter Würde, die für uns im Menschsein unverlierbar ist und kontingenter Würde, die uns durch die Behandlung anderer Menschen zuteil wird (vgl. hierzu die Ausführungen von Ruegger 2003). Häufig hören alte Menschen eher diesen zweiten Teil der kontingenten Würde, wenn man sie fragt, was sie unter «Würde» verstehen und ob ihre derzeitige Umgebung dem entspricht. Sie beklagen sich dennoch in einer Untersuchung von Pleschberger (2003) auch bei objektiv gegebenen kurzfristigen Pflegemängeln in Folge von Personalnot nicht über ihre Lebensumstände in den Einrichtungen, sondern entschuldigen die dort Tätigen zum Teil sogar, obschon diese sich nicht immer «würdegemäß» in diesem zweiten Sinn verhalten. Wer von «menschenunwürdigen» Zuständen in Heimen spricht, ist immer in Gefahr, gleichzeitig den dort Wohnenden beide Arten von Würde abzusprechen und dann zur Wiederherstellung von Würde (nun wieder im kontingenten Sinn, denn inhärente bräuchte nicht erst hergestellt werden) Sterbehilfe zu fordern – eine Argumentation, die von Euthanasiebefürwortern häufig verwendet wird (Mettner 2003). Würde sollte stets als würdegemäße, lebensbejahende Behandlung durch Pflegende und nicht als vom Sterbenden zu erbringende «Leistung» gesehen werden. Auch das Sterben mit Demenz ist wie jedes Sterben eines Menschen ein Sterben in (inhärenter) Würde. Vielleicht ist es nicht immer ein friedvolles Sterben, eines ohne Schmerzen, nicht immer ein begleitetes – wichtig ist, dass es gelingt, diesem Sterben einen möglichst würdigen Rahmen zu geben. Würdig im kontingenten Sinn bedeutet dabei Information, Integration, Recht auf Schmerzlinderung und menschliche Begleitung, aber auch Freiheit der Ablehnung von Maßnahmen.

Autonomie wird dann zur «Autonomiezumutung», wenn einerseits die Fähigkeiten zur Formulierung und Entscheidung der Patienten abnehmen, andererseits aber gleichzeitig mangels langfristiger Planung von Entscheidungen keine institutionellen Strukturen bestehen (Ethikkomitees, Einbeziehung von Angehörigen, u. ä.), notwendige Entscheidungen reflektiert zu treffen und auch noch so schwache Zeichen von Willensäußerungen der Betroffenen Chancen haben, Berücksichtigung zu finden. Hier ist Organisationsentwicklung mit Organisationsethik wichtig, wenn diese eigentlich öffentlich zu diskutierenden Themen sozialethischen Charakters nicht auf ihre individualethische Bedeutung reduziert werden sollen (vgl. hierzu auch Klie 2003).

9.5 Netzwerk Abschiedskultur

Karin Wilkening

Da Menschen mit Demenz sich selbst mangels Zeitperspektive und eventuellen Schwierigkeiten der Körperwahrnehmung kaum als Sterbende wahrnehmen, liegt die Hauptlast und Verantwortung bei den Pflegenden und Angehörigen. Sie müssen letzte Wünsche kennen und erkennen, Umsetzungsmöglichkeiten sehen und mit den getroffenen Entscheidungen weiterleben. Da der Beginn des Sterbens bei Demenz schwer zu bestimmen ist, und die Mitbewohner in der Art des Umgangs mit dem Sterben anderer bereits auf das eigene Sterben positiv eingestimmt (oder verängstigt) werden können – und im Übrigen Angehörige sowie freiwillige Hospizhelfer oder auch schmerztherapeutisch fortgebildete Mitarbeiter nicht erst im aktuellen Sterbeprozess angesprochen werden sollten – macht es Sinn, das ganze Heimleben als eine Vorbereitung einer «Abschiedskultur» zu sehen, in der der nachgehenden Trauer ebenfalls Raum gegeben werden muss (vgl. dazu auch Heller 2003 und Wilkening 2005).

Exkurs Trauer und Demenz

Gerade bei den Angehörigen von Menschen mit Demenz besteht in der vorauseilenden Trauer (auch «Quasi-Witwen» genannt) durch die Schwierigkeit der Diagnose, die wachsenden Kommunikationsprobleme und die gute «Fassade» des Kranken sowie seine zunehmende Anhänglichkeit eine besondere Schwierigkeit, die in der Literatur beschriebenen «Traueraufgaben» des «Loslassens» in Angriff zu nehmen. Unwiederbringlich wird deutlich, dass die Zeit, Versäumtes nachzuholen, abläuft. Tödliche Komplikationen auch als letztes gemeinsames Wegstück einer über Jahre sich hinziehenden Kette von Verlusterfahrungen zu sehen, die nun an ihr Ende gekommen ist, hilft, die Akzeptanz palliativer Maßnahmen vs. kurativer Therapie zu erhöhen und gleichzeitig Schuldgefühle zu reduzieren. Wichtig ist, dass deutlich wird, dass weiterhin «alles» für den Kranken getan wird, wobei «alles» dann die Behandlung von Schmerzen, Atemnot, Übelkeit und Angst in vertrauter Umgebung ist – also ein definitives Leben bis zuletzt, in dem auch Angehörige zu nützlichen Handreichungen angeleitet werden können (vgl. auch den Dialog aus der Broschüre von Sandgathe Husebö).[84] Auch nach dem Tod gestehen sich manche Hinterbliebene nur verschämt Erleichterung zu und brauchen mehr Zeit als gedacht, um den neuen Lebensrhythmus zu finden.

Um nicht alle Verantwortung eines «guten Sterbens» der jeweiligen «Tagesform» einer Pflegekraft aufzubürden, macht es Sinn, alle im Heim Arbeitenden sowie die dort Ein- und Ausgehenden im Sinn eines interdisziplinären, hospizlichen Netzwerks – unter Anleitung der Pflege – in eine gemeinsame Verantwortung für die Gestaltung des Sterbens zu nehmen. Alle Beteiligten brauchen andererseits selbst Angebote, um mit Tod und Trauer zu leben. Um alle Aspekte einer Palliative-Care-Haltung in einer Einrichtung zu verbinden, ist in Tabelle 1 das exemplarisch mit Angeboten gefüllte «Netzwerk Abschiedskultur» (in Anlehnung an eine erste Fassung von 1999) als Anreiz einer Organisationsentwicklung eingefügt, das sich – als Raster mit leeren Zellen – auch zur Erhebung eines Ist-Zustands und weiterer Akzentsetzung für die Erarbeitung hauseigener Visionen eignet. In einem solchen Klima können Tod und Sterben sowohl von der Leitung als auch den Mitarbeitern thematisiert und unterschiedliche Berufsgruppen sowie Angehörige in Entscheidungsprozesse einbezogen werden.

Abschiedsrituale im Rahmen der Verabschiedung der verstorbenen Person ermöglichen Angehörigen, Mitarbeitern und Mitbewohnern jedes Sterben als Teil der Normalität neben rehabilitativen Maßnahmen im Leben mit Demenz wahrzunehmen sowie durch Einbeziehung des Umfelds und eines entsprechenden «Schnittstellenmanagements» bis zuletzt auch hier eine freie Wahl der Sterbeorte und Sterbeumstände zu ermöglichen. Dies ist im ethischen Sinn ein letzter wichtiger Baustein mit Blick auf die Optimierung der Lebensqualität auch und gerade bei Menschen mit Demenz und den sie Begleitenden (Wilkening/Martin 2003).

---

84 Sandgathe Husebö/Husebö (2001), S. 7 f.

Tabelle 1: Angebots- und Aufgabenüberblick in Stichworten

Abschiedskultur der vernetzten Sterbebelastung / Zeitachse	Zielgruppen Bewohner/Mitbewohner	Angehörige	Pflegekräfte	Leitung/Koordinator	Ehrenamtliche	Heimumfeld: Ärzte/Seelsorge/Bestatter
Aufnahmegespräch/ Heimalltag	→ Bestattungsform festlegen → Patientenverfügung → Mitbewohnerverabschiedung erleben	→ Frage nach Einbindung bei Sterbeprozess → Angehörigengruppen (z. B. Tod der Eltern)	→ Projektgruppe Fortbildung → Hospizkontakte → Angehörigenkontakte Supervision	→ Projektgruppe initiieren → Hospizkontakte suchen → Koordination planen → Heimumfeld → VSB initiieren	→ Vorbereitungskurs → Kontakt mit Heim → Mitarbeit in Projektgruppe	→ Schmerztherapie und Gesundheitsvorsorge → Patientenverfügung → Bestattungsvorsorge
Sterbeprozess im engeren Sinne	→ Erleben der hospizlichen Sterbebegleitung → christliche Abschiedsrituale erleben	→ Einbindung in hospizliche Sterbebegleitung → Begleitung im Abschied	→ Rahmen für Durchführung von VSB → Begleitung der Begleiterinnen	→ Für Einbindung von Hospizhelfern sorgen → Palliativversorgung sicherstellen → Supervision stellen	→ Einbindung in VSB → Praxisbegleitung → Kraftquellen sichten	→ Palliativmedizin → Abschiedsrituale → Begleitung Angehöriger und Mitabeiter
Verabschiedung des Verstorbenen	→ Einbindung in Verabschiedung → Trauerfeier, Nachruf → Bestattung	→ Einbindung in kooperative Versorgung des Toten → Angebote für Gedenkmöglichkeiten → Trauerinfos	→ kooperative Versorgung Toter → Raum für Trauergestaltung und eigene Trauer → Qualitätszirkel	→ personelle und räumliche Voraussetzung für Verabschiedung und Trauer schaffen → Qualitätszirkel initiieren	→ Einbindung in Trauer und Gedenkformen → Bestattung → Qualitätszirkel	→ Aussegnung → Bestattung → Totenschein → Trauer und Gedenkmöglichkeiten unterstützen

Der grüne Winter des Lebens

Meine Kinder kommen mich heute besuchen.
Sie meinen es gut mit mir.

Sie sind jedoch so besorgt um mich, sie meinen,
ich sollte im Flur ein Geländer haben.
In der Küche ein Telefon.
Dass jemand mir beim Baden helfen sollte.
Sie mögen es nicht, dass ich allein bin.

Hilf mir, für die Besorgnis meiner Kinder
dankbar zu sein.
Und hilf ihnen zu verstehen,
dass ich allein zurechtkommen muss –
solange ich dies vermag.

Sie haben Recht, wenn sie sagen,
dass es Risikomomente gibt.
Ich könnte hinfallen.
Ich könnte vergessen, den Ofen abzustellen.
Aber es gibt keine Herausforderung,
keine Möglichkeit des Siegens,
kein wirkliches Leben – ohne Risiko.

Als sie klein waren und in Bäumen kletterten
und Fahrrad fuhren
und ins Zeltlager fuhren –
war ich entsetzt.

Aber ich ließ sie.
Sie darin zu hindern, wäre, ihnen zu schaden.

Jetzt sind die Rollen vertauscht.
Hilf ihnen, dies zu verstehen.
Lass mich nicht schwierig und stur werden,
aber lass mich ihnen nicht erlauben –
mich in Besorgnis zu ersticken   (Unbekannter Verfasser)

10 Rechtliche Rahmenbedingungen für den Erhalt von Autonomie und Selbstbestimmung

Hans Ludwig Schreiber und Franz Christoph Schade

Demenzkranke geraten häufig in die Gefahr, ihre persönlichen und wirtschaftlichen Angelegenheiten wie Aufenthalt, Wohnsitz, Krankenhausbehandlung und Verwendung von Ersparnissen teilweise oder ganz nicht mehr besorgen zu können. Es ist eine sehr schwierige Frage, wo die Grenze für eigenständiges und selbstverantwortliches Handeln liegt und von welcher Grenze an durch Maßnahmen der Betreuung oder durch früher bestellte Vertretung für den Demenzkranken gesorgt werden muss.

Einerseits muss das Ziel sein, die Selbstbestimmung Demenzkranker soweit und so lange wie möglich zu wahren. Andererseits bedürfen sie von einem gewissen Stadium der Krankheit an zum Schutz ihres Lebens und ihrer Gesundheit sowie ihrer wirtschaftlichen Situation vielfach der Betreuung und Unterstützung und auch stellvertretender Regelungen ihrer Verhältnisse. Krankenhäuser und Heime können mit ihren Patienten wegen der Weiterführung einer notwendigen Behandlung und wegen der Bestimmung des Aufenthalts und wirtschaftlicher Fragen in Schwierigkeiten geraten.

Die Betreuung (§§ 1896 ff. BGB) ist an die Stelle der früheren Entmündigung wegen Geschäftsunfähigkeit, der Vormundschaft über Erwachsene und der Gebrechlichkeitspflegschaft ohne grundsätzliche Abstufung getreten. Sie ist staatlich organisierter Beistand in verschiedenen Formen rechtlicher Fürsorge. Ein rein tatsächlicher Hilfsbedarf bei den Angelegenheiten des täglichen Lebens, etwa der Versorgung, der Körperpflege oder dem Herbeiholen eines Arztes bzw. Unterbringung in einem Krankenhaus ist im zivilrechtlichen Sinne selbst keine Betreuung, ist aber im Bedarfsfall von der Betreuung aus zu organisieren. Die Einwilligungsfähigkeit ist die «Demarkationslinie» zwischen Selbstbestimmung und Fürsorge (Kopetzki).

Die Kriterien für die Einwilligungsfähigkeit werden vom Recht, wenn überhaupt, nur allgemein und unterschiedlich umschrieben. Bei einer Vielfalt der Umschreibung wird die Handlungsunfähigkeit mit «einem die freie Willensbestimmung ausschließenden Zustand krankhafter Störung der Geistestätigkeit» (§ 104 BGB) umschrieben. Wenn der Betroffene nicht mehr in der Lage ist, Grund und Bedeutung einer Behandlung einzusehen und seinen Willen nach dieser Einsicht zu bestimmen, muss prinzipiell eine Betreuung eintreten. Starre Altersgrenzen oder bestimmte Erkrankungen sind es nicht, an denen die Einwilligungsfähigkeit gebunden ist. So kommt es auf die konkrete Einsichts- und Urteilsfähigkeit hinsichtlich einer bestimmten Behandlungsmaßnahme, etwa einer Operation oder einer Medikation an. Es geht dabei nicht um bestimmte Eigenschaften einer Person, sondern um ihre Fähigkeiten im Hinblick auf eine konkrete Maßnahme. Die Rechtsprechung verwendet Formeln wie: Ist der Betroffene nicht mehr in der Lage, seine Entscheidungen von vernünftigen Erwägungen abhängig zu machen? Bloße Willensschwäche oder leichte Beeinflussbarkeit genügen nicht, ebenso Schwierigkeiten, die Tragweite von Erklärungen zu erfassen. Vielmehr muss eine Unfähigkeit dafür gegeben sein. Bei Debilität oder Demenz soll Einwilligungsunfähigkeit erst bei einem geringeren Intelligenzquotienten als 60 in Frage kommen. Die Einwilligungs- und Handlungsfähigkeit kann auch partiell bestimmt werden in Abhängigkeit von konkreten Situationen und Zuständen für bestimmte Maßnahmen. Die Einwilligungsfähigkeit wird sowohl mit kognitiven Anforderungen, als auch mit voluntativen Fähigkeiten umschrieben. Neben der Fähigkeit, die Situation und die Notwendigkeit bestimmter Maßnahmen zu erkennen, muss auch die Fähigkeit bestehen, sich diesen Einsichten gemäß zu verhalten, man spricht dann auch von Steuerungsfähigkeit. Es kann zum Beispiel eine Einwilligungsfähigkeit und eine Einwilligungsunfähigkeit für bestimmte Angelegenheiten, etwa in Fragen einer bestimmten Erkrankung oder der Wahl eines Aufenthaltes gegeben sein, die das Denken so einengt, dass im Hinblick auf sie keine Handlungsfähigkeit mehr besteht. Ein bestimmter Schweregrad und eine bestimmte Art der Erkrankung sind nicht entscheidend. Gerade bei älteren Menschen soll nicht schon bei bloßen Widerständen gegen eine ärztlich für erforderlich gehaltene Maßnahme eine Entscheidungsunfähigkeit angenommen und eine Substitution des eigenen Willens für nötig gehalten werden.

Die Betreuung (§§ 896 ff. BGB) gilt für Vermögensangelegenheiten aller Art ebenso wie für persönliche Dinge, Aufenthaltsbestimmung und Krankenversorgung. Die Bestellung einer Person als Betreuer erfolgt entweder auf Wunsch des Hilfsbedürftigen selbst oder von Amts wegen auf Anregung etwa eines Arztes, von Angehörigen oder Nachbarn. In aller Regel wird vor der Bestellung eines Betreuers

durch das Gericht ein ärztliches Gutachten eingeholt, um die individuelle Hilfsbedürftigkeit festzustellen. Ein Betreuer wird nur für bestimmte Aufgabenkreise
bestellt, in denen jeweils eine Betreuung erforderlich ist. Beschränkungen in der
eigenen Verfügung des Betreuten selbst können angeordnet werden, wenn etwa
wegen des Umganges mit Geld oder Eigentum Gefahren für den Betreuten durch
dessen Verhalten bestehen. In der Regel wird eine natürliche Person, etwa aus dem
persönlichen Umfeld des Betreuten, zum Betreuer bestellt. Professionelle Betreuer
können dann bestellt werden, wenn keine anderen geeigneten Personen zur Verfügung stehen, die zur ehrenamtlichen Führung der Betreuung bereit sind
(§ 897 VI BGB). Der Betreute hat, wenn er dazu in der Lage ist, ein Vorschlags-
recht. Schlägt er einen Betreuer vor, so ist diesem Vorschlag zu entsprechen, wenn
es seinem Wohle nicht zuwiderläuft. Auf verwandtschaftliche oder persönliche
Bedingungen eines Volljährigen ist ebenso wie auf die Gefahr von Interessenskon-
flikten Rücksicht zu nehmen. Wer zu einer Anstalt, einer Klinik oder einer sonstigen Einrichtung, in welcher der zu Betreuende untergebracht ist, in einem
Abhängigkeitsverhältnis oder einer anderen engen Beziehung steht, darf nicht zum
Betreuer bestellt werden. Es ist oft schwierig, einen geeigneten Betreuer zu finden.
Gut ist es, wenn ein Angehöriger zur Verfügung steht, freilich können gerade zwi-
schen Angehörigen als Betreuer und Betreuten erhebliche Spannungen bestehen.

Praktisch ziehen sich Verfahren zur Bestellung eines Betreuers oft unvertretbar
lange hin. Folglich besteht ein zwingender Handlungsbedarf, etwa für den Beginn
oder die Fortführung einer akut notwendigen klinischen Behandlung und die
Aufenthaltsbestimmungen. In Eilfällen kann eine vorläufige Regelung einer
Betreuung möglich und erforderlich werden.

Die Betreuung soll so wenig wie möglich in den Bereich des Betroffenen ein-
greifen. Daher sind in Zeiten, in denen noch keine kognitiven Beeinträchtigungen
bestehen, vor der kritischen Situation getroffene Anordnungen für den Fall der
Hilfsbedürftigkeit möglich, die dann insofern eine Betreuung überflüssig machen
können. Betreuungsverfügungen des Betroffenen selbst enthalten solche vorsorg-
lich getroffenen Regelungen für den Fall der Anordnung einer Betreuung sowohl
hinsichtlich der Person des Betreuers als auch für seine Tätigkeit.

Die staatliche Anordnung einer Betreuung ist nicht erforderlich, soweit die
Angelegenheiten des Betroffenen durch einen Bevollmächtigten oder durch andere
Hilfe ohne Bestellung eines gesetzlichen Vertreters besorgt werden können
(§ 1896 I BGB). Die staatliche Zwangsbetreuung ist also subsidiär zur eigenen vor-
sorglichen Regelung der Angelegenheiten bei Hilfsbedürftigkeit durch individuelle
Entscheidung ohne Beteiligung des Vormundschaftsgerichts (§ 1896 II S. 2 BGB).

Vorsorgebevollmächtigte können nicht nur für wirtschaftliche, sondern auch
für persönliche Angelegenheiten, wie ärztliche Behandlung, Aufenthaltsbestimmung oder auch den Abbruch ärztlicher Behandlung durch den Betroffenen

selbst gestellt werden. Voraussetzung einer wirksamen Bestellung eines Vorsorgebevollmächtigten ist freilich die Geschäftsfähigkeit des Betroffenen zum Zeitpunkt der Erstellung der Vorsorgevollmacht. Es bedarf für solche Vorsorgevollmachten einer Einsichtsfähigkeit etwa auch dafür, dass es zu Einwilligungen in medizinische oder freiheitsbeschränkende Maßnahmen kommen kann.

Obwohl durch die neuere Gesetzgebung die private, selbst bestimmte Vorsorge des Betroffenen Vorrang vor der staatlichen Anordnung einer Betreuung haben soll, wird in der Praxis die staatliche Anordnung auch deswegen bevorzugt, weil hinsichtlich der Wirksamkeiten einer Bestellung eines privaten Bevollmächtigten häufig Zweifel bestehen; denn es ist oft nicht leicht feststellbar, ob die Berufung eines Vorsorgebevollmächtigten im Zustand der Geschäftsfähigkeit erfolgt ist. In Fällen begründeten Zweifels der Wirksamkeit einer erteilten Vollmacht sollte daher ein gesetzliches Betreuungsverfahren eingeleitet werden.

Der Betreuer ist auch zur Unterbringung eines Betreuten, die mit Freiheitsentziehung verbunden ist, befugt, freilich nur unter eingeschränkten Voraussetzungen. Entweder muss aufgrund der Erkrankung oder einer Behinderung des Betreuten die Gefahr bestehen, dass er sich selbst tötet oder erheblichen gesundheitlichen Schaden zufügt, oder es muss eine Untersuchung des Geisteszustandes oder eine Heilbehandlung notwendig sein, die ohne die Unterbringung des Betreuten nicht durchgeführt werden kann. Die Unterbringung erfordert die Genehmigung des Vormundschaftsgerichts (§ 1906 I, II BGB).

Besondere Einschränkungen bestehen für die Einwilligung des Betreuers bei ärztlichen Maßnahmen. Die Einwilligung des Betreuers in eine Untersuchung des Gesundheitszustandes, eine Heilbehandlung oder einen ärztlichen Eingriff bedarf der Genehmigung des Vormundschaftsgerichts, wenn die begründete Gefahr besteht, dass der Betreute aufgrund der Maßnahme stirbt oder einen schweren und länger dauernden gesundheitlichen Schaden erleidet (§ 1904 I BGB). Mit Recht wird kritisiert, dass diese Bestimmung unklar ist und in der Praxis Probleme auftreten. Trotz der Bestellung eines Betreuers bedarf es bei möglicherweise auch nur zeitweise bestehender Einsichts- und Handlungsfähigkeit keiner ergänzenden Zustimmung des Betreuers bei Handlungen des Betreuten. Der Wille des einsichtsfähigen Betreuten hat stets Vorrang. Das Prinzip der gesetzlichen Regelung ist, dass der Wille des Betreuten möglichst lange Vorrang hat. Die Schutzvorschrift der Betreuung greift erst ein, wenn die Einsichtsfähigkeit des Betreuten fehlt.

Fraglich ist, ob nicht Vorsorgevollmacht und Patientenverfügung der Anordnung einer Betreuung vorzuziehen sind, weil mit ihnen mehr Rücksicht auf den eigenen Willen des Betroffenen genommen werden kann. Es ist aber zu bedenken, dass zweifelhaft sein kann, ob der Betroffene noch für die Bestellung eines Vorsorgebevollmächtigten und die Errichtung einer Patientenverfügung geschäftsfähig war oder ist. Auch ist zu bedenken, dass allein mit der Betreuung ein Einwilligungsvorbehalt angeordnet werden kann, der häufig zum Schutz des Betreuten erforderlich ist. In solchen Fällen ordnet das Vormundschaftsgericht an, dass der Betreute zu einer Willenserklärung, die den Aufgabenkreis des Betreuers betrifft, dessen Einwilligung bedarf (§ 1903 BGB). Daher wird praktisch häufig diese Betreuung gewählt, da sie Zweifel hinsichtlich ihrer Wirksamkeit ausschließt und mit der Anordnung von Einwilligungsvorbehalten und dem Schutz von Person und Vermögen des Betreuten dienen kann.

10.1 Verbesserung des Anlegerschutzes

Eine Ausweitung der Leistungen der Pflegeversicherung für Demenzkranke wird nicht finanzierbar sein. Ein höherer Beitrag aus der privaten, kapitalgedeckten Altersvorsorge wird von allen Parteien gefordert.

Mindestens 300 000 – wegen der hohen Dunkelziffer der Geschädigten, die aus Scham nicht an die Öffentlichkeit treten – eher eine Million Menschen haben durch unseriöse Anlageberater und Finanzdienstleister den größten Teil ihrer Rücklagen für Alter und Pflege verloren. Von der Bundesanstalt für Finanzaufsicht wird der Schaden mit 40 Milliarden Euro jährlich angegeben. Anlegerschutzgemeinschaften gehen von höheren Schäden aus. Damit liegt Deutschland an der Spitze der westlichen Industriestaaten. Zwei Gründe werden hierfür genannt:

1. Es gibt bis heute keine beruflichen Zugangsqualifikationen für Finanzdienstleister. Nicht einmal ein einfacher Schulabschluss ist vonnöten, um eine Zulassung als Vermögensverwalter vom Bundesaufsichtsamt zu erhalten.

2. Selbst bei eindeutiger Sachlage ist es für geschädigte Anleger weiterhin extrem schwierig, Schadensersatz vor einem deutschen Gericht einzuklagen.

Die Arbeiten von Prof. Friedrich am Institut für medizinische Soziologie haben langwierige Zivilverfahren als häufigsten Grund unklarer Psychosomatosen und Depressionen identifiziert. Schwere Depressionen als Auslöser und Verstärker demenzieller Erkrankungen sind an anderer Stelle ausführlich beschrieben.

Angesichts auch des volkswirtschaftlichen Schadens ist die ablehnende Haltung des Justizministeriums unerklärlich. Beschleunigung der Zivilverfahren und Umkehr der Beweislast auch im Kapitalanlagerecht, analog zum Konsumentenschutz, sind die Forderungen an den Gesetzgeber.

Literatur

Prolegomena zum Leitwert «Gesundheit»

Bundeszentrale für gesundheitliche Aufklärung (BZgA) (Hrsg.) (2003): Leitbegriffe der Gesundheitsförderung. Fachverlag Peter Sabo, Schwabenheim a. d. Selz.

Caplan, A. L. (1997): The Concepts of Health, Illness and Disease. In: Veatch, R. M. (Hrsg.): Medical Ethics. Second Edition. Jones & Bartlett Publishers, Sudbury, M. A.

Franzkowiak, P.; Sabo, P. (Hrsg.) (1993): Dokumente der Gesundheitsförderung. Internationale und nationale Dokumente und Grundlagentexte zur Entwicklung der Gesundheitsförderung im Wortlaut und mit Kommentierung. Verlag Peter Sabo, Mainz.

Autonomie als grundlegendes Werteprinzip

Becker, J. (2005): Ausbildung von Mentoren für die Pflege von Menschen mit Demenz. In: Schwerdt, R. (Hrsg.): Prävention in der Pflege und Betreuung von Menschen mit Demenz. Konzepte und Modelle zur Qualifikation und Kooperation. Dokumentation eines Symposiums der Fachhochschule Frankfurt am Main in Kooperation mit dem Katholischen Berufsverband für Pflegeberufe e. V. am 2. Dezember 2004. Dementia Services Development, Bd. 3. Fachhochschulverlag, Frankfurt/Main: 40–51.

Benhabib, S. (1989): Der verallgemeinerte und der konkrete Andere. Ansätze zu einer feministischen Moraltheorie. In: List, E.; Studer, H. (Hrsg.): Denkverhältnisse. Feminismus und Kritik. Suhrkamp, Frankfurt/Main: 454–487.

Benhabib, S. (1995a): «Die Quellen des Selbst» in der zeitgenössischen feministischen Theorie. Die Philosophin. Forum für feministische Theorie und Philosophie, 6 (11): 12–32.

Benhabib, S. (1995b): Selbst im Kontext. Kommunikative Ethik im Spannungsfeld von Feminismus, Kommunitarismus und Postmoderne. Gender Studies. Suhrkamp, Frankfurt/Main.

Benner, P.; Wrubel, J. (1997): Pflege, Stress und Bewältigung: Gelebte Erfahrung von Gesundheit und Krankheit. Hans Huber, Bern: Kap. 1 (Orig.: The primacy of caring – Stress and Coping in Health and Illness 1989).

Bosch, C. F. M. (1998): Vertrautheit. Studie zur Lebenswelt dementierender alter Menschen. Ullstein Medical, Wiesbaden.

Deutsches Zentrum für Altersfragen (DZA, Hrsg.) (2005): Charta der Rechte hilfe- und pflegebedürftiger Menschen. DZA, Geschäftsstelle Runder Tisch Pflege, Berlin.

Evangelische Heimstiftung; Konzept & Markt, Vincentz Network (Hrsg.) (2004): Deutscher Altenpflege-Monitor 2004. Vincentz, Hannover.

Jonas, H. (1994): Das Prinzip Leben. Ansätze zu einer philosophischen Biologie. Insel, Frankfurt/Main/Leipzig (Erstveröffentlichung unter dem Titel: Organismus und Freiheit. Ansätze zu einer philosophischen Biologie. Göttingen 1973).

Klostermann, P. (2004): So ist kein Leben – Suizide alter und hochaltriger Menschen. Suizidprophylaxe, 31 (2): 35–40.

Leininger, M. M. (1998): Kulturelle Dimensionen menschlicher Pflege. Lambertus, Freiburg i. Br. (Orig.: Culture Care Diversity and Universality: A Theory of Nursing 1991).

MacIntyre, A. (1995): Der Verlust der Tugend: zur moralischen Krise der Gegenwart. Frankfurt/Main) (Orig.: After Virtue. A Study in Moral Theory. Notre Dame, Indiana 1981).

MacIntyre, A. (2001): Die Anerkennung der Abhängigkeit. Über menschliche Tugenden. Rotbuch, Berlin. (Orig.: Dependent Rational Animals. Why Human Beings Need the Virtues Chicago 1999).

Meininger, H. P. (2001): Autonomy and professional responsibility in care for persons with intellectual disabilities. Nursing Philosophy, 2: 240–250.

Paterson, J. G.; Zderad, L. T. (1999): Humanistische Pflege. Hans Huber, Bern.

Peplau, H. E. (1997): Zwischenmenschliche Beziehungen in der Pflege. Ausgewählte Werke. Hans Huber, Bern. (Orig.: Interpersonal Theory in Nursing Practice. Selected Works of Hildegard E. Peplau).

Schwerdt, R. (Hrsg.) (2004): Probleme der Ernährung demenziell veränderter älterer Menschen: Paradigma und Indikator für die Versorgungssituation von Menschen in Demenzprozessen? Dokumentation eines Symposiums der Fachhochschule Frankfurt am Main in Kooperation mit dem Katholischen Berufsverband für Pflegeberufe e. V. am 2. Dezember 2003. Dementia Services Development, Bd. 1. Fachhochschulverlag, Frankfurt/Main.

Schwerdt, R. (2005a): Lernen der Pflege von Menschen mit Demenz bei Alzheimer-Krankheit: Anforderungen an die Qualifikation professioneller Helferinnen und Helfer. Zeitschrift für medizinische Ethik (Schwerpunktheft Alzheimer-Demenz), 51 (1): 59–76.

Schwerdt, R. (2005b): Prävention für Menschen mit Demenz: Sackgasse oder Einbahnstraße? Eine Durchsicht von Konzepten und Modellen. In: Dies. (Hrsg.): Prävention in der Pflege und Betreuung von Menschen mit Demenz. Konzepte und Modelle zur Qualifikation und Kooperation. Dokumentation eines Symposiums der Fachhochschule Frankfurt am Main in Kooperation mit dem Katholischen Berufsverband für Pflegeberufe e. V. am 2. Dezember 2004. Dementia Services Development, Bd. 3. Fachhochschulverlag, Frankfurt/Main: 64–95.

Schwerdt, R.; Tschainer, S. (2003): Spezifische Anforderungen an die Pflege demenziell erkrankter Menschen. Deutsches Zentrum für Altersfragen (DZA, Berlin) (Hrsg.): Expertisen zum Vierten Altenbericht der Bundesregierung III: Hochaltrigkeit und Demenz als Herausforderung an die Gesundheits- und Pflegeversorgung. Vincentz, Hannover: 181–287.

Taylor, Ch. (1985): Atomism. In: Ders.: Philosophy and the Human Sciences, Philosophical Papers 2. Cambridge, Cambridge/New York/New Rochelle/Melbourne/Sydney: 187–210.

Taylor, Ch. (1992): Der Irrtum der negativen Freiheit. In: Ders.: Negative Freiheit? Zur Kritik des neuzeitlichen Individualismus. Suhrkamp, Frankfurt/Main (Orig.: Philosophical Papers. Cambridge 1985): 118–144.

Taylor, Ch. (1994): Quellen des Selbst. Die Entstehung der neuzeitlichen Identität. Suhrkamp, Frankfurt/Main (Orig.: Sources of the Self. The Making of the Modern Identity. Harvard 1989)

Taylor, Ch. (1995): Das Unbehagen an der Moderne. Suhrkamp, Frankfurt/Main (Orig.: The Malaise of Modernity Concord, Ontario 1991).

Moralische Kompetenz im Umgang mit Menschen in Demenzprozessen

Becker, J. (2005): Ausbildung von Mentoren für die Pflege von Menschen mit Demenz. In: Schwerdt, R. (Hrsg.): Prävention in der Pflege und Betreuung von Menschen mit Demenz. Konzepte und Modelle zur Qualifikation und Kooperation. Dokumentation eines Symposiums der Fachhochschule Frankfurt am Main in Kooperation mit dem Katholischen Berufsverband für Pflegeberufe e. V. am 2. Dezember 2004. Dementia Services Development, Bd. 3. Fachhochschulverlag, Frankfurt/Main: 40–51.

Blom, M.; Duijnstee, M. (Hrsg.) (1999): Wie soll ich das nur aushalten? Mit dem Pflegekompass die Belastung pflegender Angehöriger einschätzen. Eicanos in Huber, Bern (Orig.: Zorgkompas 1996).

Dirksen, W.; Matip, E.-M.; Schulz, Ch. (1999): Wege aus dem Labyrinth der Demenz. Projekte zur Beratung und Unterstützung von Familien mit Demenzkranken. Ein Praxishandbuch für Profis. Alexianer Werkstätten, Münster.

Gräßel, E.; Schirmer, B. (2003): Freiwillige Helferinnen und Helfer in der stundenweisen häuslichen Betreuung von Demenzkranken. Zwischenergebnisse einer prospektiven Studie und Ergebnisse einer retrospektiven Befragung. Pflege, 16 (4): 216–221.

Grond, E. (2000): Wenn Eltern wieder zu Kindern werden. In: Tackenberg, P.; Abt-Zegelin, A. (Hrsg.): Demenz und Pflege. Eine interdisziplinäre Betrachtung. Eine Gemeinschaftsinitiative des Instituts für Pflegewissenschaft, Universität Witten/Herdecke und des Kuratoriums Deutsche Altershilfe. Mabuse, Köln/Frankfurt/Main.

Helmrich, M.; Duwe-Wähler, B.; Felder, S.; Ortel, D. (2004): Die Präsenzkraft in der Betreuung. In: Wißmann, P. (Hrsg.): Werkstatt Demenz. Vincentz, Hannover: 75–92.

Infratest Sozialforschung (2003): Hilfe- und Pflegebedürftige in Privathaushalten in Deutschland 2002. Schnellbericht. Erste Ergebnisse der Repäsentativerhebung im Rahmen des Forschungsprojekts «Möglichkeiten und Grenzen einer selbständigen Lebensführung hilfe- und pflegebedüftiger Menschen in privaten Haushalten» (MuG 3) im Auftrag des Bundesministeriums für Familien, Senioren, Frauen und Jugend http://www.bmfsfj.de/RedaktionBMFSFJ/Abteilung3/Pdf-Anlagen/hilfe-und-pflegebeduerftige-in-privat-haushalten,property=pdf.pdf.

Klie, Th. (2000): Demenz – Ethische Aspekte. In: Tackenberg, P.; Abt-Zegelin, A. (Hrsg.): Demenz und Pflege. Eine interdisziplinäre Betrachtung. Eine Gemeinschaftsinitiative des Instituts für Pflegewissenschaft, Universität Witten/Herdecke und des Kuratoriums Deutsche Altershilfe. Mabuse, Köln/Frankfurt/Main.

Kneubühler, H.-U. (2005): Wie lässt sich das Wohlbefinden von Menschen mit Demenz in Pflegeheimen erfragen? In: Demenz Support Stuttgart. Zentrum für Informationstransfer (Hrsg.): Focus on Quality of Life/Quality of Care. Im Brennpunkt: Lebensqualität/Pflegequalität. North Sea Dementia Research Group. 5th Annual Meeting, Stuttgart April 22–24, 2004: 157–168.

Monkhouse, Ch.; Wapplinger, R. (2003): Übermorgen wenn wir alt sind. Rüffer & Rub, Zürich.

Murphy, Ch.; Killick, J.; Allan, K. (2001): Hearing the User's Voice: encouraging people with dementia to reflect on their experiences of services. Dementia Services Development Centre, Stirling (DSDC, University of Stirling).

Niebuhr, M./Alzheimer Gesellschaft Bochum e. V. (2004): Interviews mit Demenzkranken: Wünsche, Bedürfnisse und Erwartungen aus Sicht der Betroffenen. Eine qualitative Untersuchung zur subjektiven Lebensqualität von Menschen mit Demenz. Vorgestellt 71. Hrsg.: Kuratorium Deutsche Altershilfe (KDA). KDA, Köln.

Olbrich, Ch. (1999): Pflegekompetenz. Reihe Pflegewissenschaft. Hans Huber, Bern.

Powell, J. (2003): Hilfen zur Kommunikation bei Demenz. Kuratorium Deutsche Altershilfe (KDA) (Hrsg.): Türen öffnen zum Menschen mit Demenz 1. KDA, Köln (Orig.: Care to communicate. Helping the Older Person with Dementia. A Practical Guide for Careworkers 2000).

Rösler, A.; Schwerdt, R.; Renteln-Kruse, W. v. (2005): Was die Sprache Alzheimer-Kranker mit der Celans verbindet – Über Kommunikation mit schwer betroffenen Demenzpatienten. Zeitschrift für Gerontologie und Geriatrie, 38 (5): 354–359.

Rubin, J. (2000): Hindernisse bei der Entwicklung des klinischen Wissens und des ethischen Urteilsvermögens. In: Benner, P.; Tanner, C. A., Chesla, C. A.: Pflegeexperten. Pflegekompetenz, klinisches Wissen und alltägliche Ethik. Hans Huber, Bern: 217–242.

Schwerdt, R.; Tschainer, S. (2003): Spezifische Anforderungen an die Pflege demenziell erkrankter Menschen. Deutsches Zentrum für Altersfragen (DZA; Berlin) (Hrsg.): Expertisen zum Vierten Altenbericht der Bundesregierung III: Hochaltrigkeit und Demenz als Herausforderung an die Gesundheits- und Pflegeversorgung. Vincentz, Hannover: 181–287.

Schwerdt, R. (2005a): Lernen der Pflege von Menschen mit Demenz bei Alzheimer-Krankheit: Anforderungen an die Qualifikation professioneller Helferinnen und Helfer. Zeitschrift für medizinische Ethik (Schwerpunktheft Alzheimer-Demenz), 51 (1): 59–76.

Schwerdt, R. (2005b): Nursing Development als Modell werteorientierter Qualitätsentwicklung in der Pflege von Menschen mit Demenz. Impulsreferat auf dem Workshop «Wirtschaftsethische Aspekte der Pflege psychisch kranker älterer Menschen» im Rahmen der 7. Jahrestagung der Deutschen Gesellschaft für Gerontopsychiatrie und -psychotherapie. 19.2.2005 in Frankfurt/Main.

Schwerdt, R. (Hrsg.) (2004): Probleme der Ernährung demenziell veränderter älterer Menschen: Paradigma und Indikator für die Versorgungssituation von Menschen in Demenzprozessen? Dokumentation eines Symposiums der Fachhochschule Frankfurt am Main in Kooperation mit dem Katholischen Berufsverband für Pflegeberufe e. V. am 2. Dezember 2003. Dementia Services Development, Bd. 1. Fachhochschulverlag, Frankfurt/Main.

Trilling, A. (2004): Die Versorgung demenziell Erkrankter in der Kommune. Vortrag auf der Eröffnungsveranstaltung des Förderschwerpunkts «Für ein besseres Leben mit Demenz» der Robert Bosch Stiftung 19.3.2004 in Berlin. www.bosch-stiftung.de/download/Vortrag_Trilling_neu.pdf. 30.3.2005.

Ulmer, E.-M.; Markgraf, K. (1999): Interaktionen mit dementen Menschen. Video. Fachhochschule Frankfurt am Main, Fachbereich Pflege und Gesundheit. Im Auftrag der Alzheimer Gesellschaft Mittelhessen e. V. Produktion und Vertrieb: AXIS Kommunikation GmbH, Hudtwalckerstr. 31a, 22299 Hamburg. (2005) DVD.

Vaughan, B.; Edwards (1995): Interface between Research and Practice. The King's Fund, London.

Aspekte zur Schnittstellenproblematik bei der Pflege von Menschen mit Demenz

Deutsches Zentrum für Altersfragen (DZA, Hrsg.) (2005): Empfehlungen und Forderungen zur Verbesserung der Qualität und der Versorgungsstrukturen in der häuslichen Betreuung und Pflege. DZA, Geschäftsstelle Runder Tisch Pflege. DZA, Berlin.

Deutsches Zentrum für Altersfragen (DZA, Hrsg.) (2005): Empfehlungen und Forderungen zur Verbesserung der Qualität in der Stationären Betreuung und Pflege. DZA, Geschäftsstelle Runder Tisch Pflege. DZA, Berlin.

Deutsches Zentrum für Altersfragen (DZA, Hrsg.) (2005): Entbürokratisierung. DZA, Geschäftsstelle Runder Tisch Pflege. DZA, Berlin.

Klie, Th. (2000): Demenz – Ethische Aspekte. In: Tackenberg, P.; Abt-Zegelin, A. (Hrsg.): Demenz und Pflege. Eine interdisziplinäre Betrachtung. Eine Gemeinschaftsinitiative des Instituts für Pflegewissenschaft, Universität Witten/Herdecke und des Kuratoriums Deutsche Altershilfe. Mabuse, Frankfurt/Main.

Klie, Th.; Buhl, A. et al. (Hrsg.) (2003): Entwicklungslinien im Gesundheits- und Pflegewesen. Mabuse, Frankfurt/Main.

Klie, Th.; Brandenburg, H. (Hrsg.) (2003): Gerontologie und Pflege. Vincentz, Hannover.

Petzold, Ch. (1998): Welche Pflege sichert die Pflegeversicherung? Unveröffentlichte Diplomarbeit. Evangelische Fachhochschule, Berlin

Petzold, Ch. (2002): Ist würdevolle Pflege (ver)käuflich? Tagungsdokumentation Berlin-Brandenburger Pflegetage 2002. Evangelische Fachhochschule, Berlin.

Trilling, A. (2004): Die Versorgung demenziell Erkrankter in der Kommune. Vortrag auf der Eröffnungsveranstaltung des Förderschwerpunkts «Für ein besseres Leben mit Demenz» der Robert Bosch Stiftung 19.3.2004 in Berlin. www.bosch-stiftung.de/download/Vortrag_Trilling_neu.pdf. 30.3.2005.

Inszenierte Kommunikation

Borasio, G. D.; Putz, W.; Eisenmenger, W. (2003): Verbindlichkeit von Patientenverfügungen gestärkt. In: Dtsch Ärztebl, 100 (2003) Heft 31–32: A 2062–2065.

Buber, M. (1994): Ich und Du (1923): In: Ders.: Das dialogische Prinzip, 5. Aufl. 1984.

Callahan, D.: Terminating life-sustaining treatment of the demented. In: Hastings Center Report, 25 (1995) 26.

Damasio, A. R. (2002): Ich fühle, also bin ich. Die Entschlüsselung des Bewusstseins. Ullstein/List, München.

Davies E, Higginson I. J. (eds.) (2004): Better Palliative Care for Older People. WHO, Copenhagen: 16.

Defanti, C. A. (2003): Personal Identity and Palliative Care. In: Voltz, R. et al. (eds.): Palliative Care in Neurology. Oxford University Press, Oxford: 31.

Degrazia, D.: Advance Directives, Dementia, and the «Someone Else problem». In: Bioethics 13 (1999) 5: 373–391.

Frick, E. (2002): Glauben ist keine Wunderdroge. In: Herder Korrespondenz 56, 1/2002: 41–46.

Dresser, D.: Dworkin on Dementia. Elegant theory, questionable policy. In: Hastings Center Report, 25 (1995) 35.

Dworkin, R. (1994): Life's Dominion. Vintage Books, New York.

Kadish, S. H.: Letting Patients Die. Legal and moral reflections. California Law Review, 80 (1992): 857–888.

Engelhardt, H. (1986): The Foundations of Bioethics. Oxford University Press, New York: 105.

Gill, C. (1998): Personality in Greek Epic, Tragedy and Philosophy: The Self in Dialogue. Oxford University Press (reprint), Oxford.

Frank, M. (2004): In der Tiefe des Schattens: Heinz und Maria und das Unbekannte, das kein Erbarmen kennt – das Protokoll einer Alzheimer-Erkrankung. In: SZ 132/2004 (11.06.2004): 3.

Goller, H. (2000): Hirnforschung und Menschenbild. Die Bedeutung von Körper und Emotion für Bewusstsein und Selbst. In: Stimmen der Zeit 2000/9, Herder: 578–594.

Gräb-Schmidt, E. (2004): «Spiritualität III. Religionsphilosophisch; V. Dogmatisch». In: RGG⁴, Bd. 7. Mohr Siebeck, Göttingen: Sp. 1593–1595.

Herms, E. (2003). «Person». In: RGG⁴ Bd 6. Mohr Siebeck, Göttingen: Sp. 1123.

Luther, H. (1992): Identität und Fragment. Praktisch-theologische Überlegungen zur Unabschließbarkeit von Bildungsprozessen. In: Ders.: Religion und Alltag. Bausteine zu einer praktischen Theologie des Subjekts. Radius Verlag, Stuttgart: 160–182.

Newton, M. J. (1999): Precedent Autonomy: Life-Sustaining Intervention and the Demented Patient. In: Cambridge Quarterly Healthcare Ethics, 8: 189–199.

Pannenberg, W. (1983): Anthropologie in theologischer Perspektive. V & R, Göttingen.

Radebold, H. (1981): Psychosomatische Probleme in der Geriatrie. In: Uexküll, T. v. (Hrsg.): Lehrbuch der psychosomatischen Medizin. Urban und Schwarzenberg, München/Wien/Baltimore: 731–747.

Scheler, M. (1954): Gesammelte Werke, Bd. II. Francke Verlag, Duisburg.

Schmidinger. H. (1994): Der Mensch ist Person: Ein christliches Prinzip in theologischer und philosophischer Sicht. Tyrolia, Innsbruck/Wien: insb. 89 ff.

Stollberg, D. (2001): Befund, Befinden und Glaube. Ein Aspekt der Kooperation von Ärzten, Psychologen und Seelsorgern. In: International Journal of Practical Theology 2/2001: 205–215.

Winkler, K. (1997): Seelsorge. WdeG, Berlin/New York.

Gestaltungsmöglichkeiten am Lebensende

Agich, G. J. (1995): Actual autonomy and long-term care. In: McCullough, L. B.; Wilson, N. L. (eds.): Ethical and conceptual dimensions of long-term care decision making. John Hopkins University Press, Baltimore: 113–136.

Alzheimer Europe (2005): Advance directives – A position paper – 6/2005. Einzusehen unter http://www.alzheimer-europe.org/upload/SPTUNFUYGGOM/downloads/ 7939D9FD4CEE.pdf (eingesehen Juni 2005).

Aneshensel, C. S. et al. (1995): Profiles in Caregiving: The Unexpected Career. Academic Press, New York.

Bickel, H. (1998): Das letzte Lebensjahr. Eine Repräsentativstudie an Verstorbenen. I. Wohnsituation, Sterbeort und Nutzung von Versorgungsangeboten. Zeitschrift für Gerontologie und Geriatrie, 31: 193–204.

Borasio, G. D.; Putz, W.; Eisenmenger, W. (2003): Verbindlichkeit von Patientenverfügungen gestärkt. Deutsches Ärzteblatt, 100, 31–32: A2062–2065.

Bundesarbeitsgemeinschaft Hospiz e. V. (Hrsg.) (2005): Qualitätsanforderungen zur Vorbereitung Ehrenamtlicher in der Hospizarbeit. Wuppertal.

Bundesarbeitsgemeinschaft Hospiz e. V. (Hrsg.) (2004): Mit-Gefühlt. Curriculum zur Begleitung Demenzkranker in der letzten Lebensphase. Wuppertal.

Cavalieri, T. A.; Walead, L.; Ciesilki, J.; Ciervo, C.; Forman, L. (2002): How physicians approach advance care planning in patients with mild to moderate Alzheimer's disease. JAOA 102, 10: 541–544.

Davy, J.; Ellis, S. (2002): Counselling skills in palliative care. Open University Press, Philadelphia.

Depping, K. (1993): Altersverwirrte Menschen seelsorgerlich begleiten. Bd. 1 Hintergründe, Zugänge, Begegnungsebenen, Bd. 2 Eine Vermittlungshilfe für Aus- und Fortbildende verschiedener Bereiche. Lutherisches Verlagshaus, Hannover.

Ferell, B. R.; Ferell, B. A. (1996): Pain in the elderly. Intl Assn for the Study of Pain, Seattle.

Fins, J. J.; Solomon, M. Z. (2001): Communication in intensive care settings: The challenge of futility. Crit Care Med, 29, 2: N10–N15.

Grundsätze der Bundesärztekammer zur ärztlichen Sterbebegleitung (2004). In: Deutsches Ärzteblatt, 19. Einsichtig unter: http://www.aerzteblatt.de).

Hanrahan, P.; Luchins, D. J.; Murphy, K. (2001): Palliative care for patients with dementia. In: Addington-Hall, J. M.; Higginson, I. J. (eds): Palliative Care for Non-Cancer Patients. Oxford University Press, Oxford.

Heller, A. et al. (2003): Palliative Kultur in der stationären Altenhilfe. Zeitschrift für Gerontologie und Geriatrie, 36: 361–365.

Hockley, J.; Clark, D. (Hrsg.) (2002): Palliative care for older people in care homes. Open University Press, Buckingham.

Jewell, A. (Hrsg.) (1999): Spirituality and aging. Jessica Kingsley Publishers, London.

KDA (Hrsg.) (2005): PRO ALTER, Themenheft «Sterben und Tod in Einrichtungen der Altenhilfe» (Nr. 2).

KDA (Hrsg.) (2002): Qualitätshandbuch «Leben mit Demenz». KDA, Köln.

Klie, T. (2003): Sterben in Würde – Zwischen Autonomie und Fürsorge. Zeitschrift für Gerontopsychologie und Geriatrie, 36: 347–353.

Kojer, M. (Hrsg.) (2002): Alt, krank und verwirrt. Einführung in die Praxis der Palliativen Geriatrie. Lambertus Verlag, Münster.

Kunz, R. (2002): Schmerzerfassung bei Patienten mit Demenzerkrankungen. Geriatrie-Journal, 6: 14–21.

Kunz, R. (2003): Palliative Care für Patienten mit fortgeschrittener Demenz: Values Based statt Evidence Based Practice. Zeitschrift für Gerontologie und Geriatrie, 36: 355–359.

Lärm, M. (2000): Taizé-Gebetsstunde mit demenzkranken Menschen. In: Deutsche Alzheimer Gesellschaft (Hrsg.): Fortschritte und Defizite im Problemfeld Demenz. Berlin: 301–303.

Lee, S. J.; Back, A. L.; Block, S. D.; Stewart, S. K. (2002): Enhancing physician-patient communication. American Society of Hermatology: 464–483.

Lynn, J.; Teno, J.; Dresser, R.; Brock, D.; Lindemann, N. H.; Lindemann, N. J.; Kielstein, R.; Fukuchi, Y.; Lu, D.; Itakura, H. (1999): Dementia and Advance-Care Planning: Perspectives from Three Countries on Ethics and Epidemiology. J Clinical Ethics, 10, 4: 271–285.

Lynn, J. (2001): Serving patients who may die soon and their families. JAMA 285, 7: 925–932.

Mettner, M.; Schmidt-Mannhardt, R. (2003): Wie ich sterben will. Autonomie, Abhängigkeit und Selbstverantwortung am Lebensende. Theologischer Verlag, Zürich.

Morrison, R. S.; Siu, A. L. (2000): A Comparison of pain and its treatment in advanced dementia and cognitively intact patients with hip fracture. Journal of Pain Symptom Management, 19/4: 240–248.

Pleschberger, S. (2003): «Die Wünsche, die wir noch haben…». Menschen in Altenpflegeheimen und ihre Sichtweise auf Würde im Leben, Sterben und Tod. Projektabschlussbericht des IFF, Wien.

Reiter-Theil, S. (2003): Ethics of End-of-Life Decisions in the Elderly. Deliberations from the ECOPE-Study. Ballière's Best Practice & Research Clinical Anaesthesiology 17, 2: 273–287.

Reiter-Theil, S. (2005): Klinische Ethikkonsultation – Eine methodische Orientierung zur ethischen Beratung am Krankenbett. Schweizerische Ärztezeitung, 86, Nr. 6.

Reiter-Theil, S. (in Vorbereitung): Die Autonomie des Patienten und ihre Grenzen. In: Aulbert, Nauck, Radbruch (Hrsg.): Lehrbuch für Palliativmedizin. 2. Auflage, Schattauer, Stuttgart.

Reiter-Theil, S.; Träbert, S.; Lange, D.; Hiddemann, W. (2003): Sterben und Sterbehilfe. Problemwahrnehmung von Ärzten und Pflegenden in der Onkologie – Ergebnisse einer Interviewstudie. Onkologe, 9: 153–161.

Ruegger, H. (2003): Sterben in Würde? Nachdenken über ein differenziertes Würdeverständnis. Nzn Buchverlag, Zürich.

Salis Gross, C. (2001): Der ansteckende Tod. Eine ethnologische Studie zum Sterben im Altenheim. Campus, Frankfurt/Main.

Sachs, G. A.; Shega, J. W.; Cox-Hayley, D. (2004): Barriers to excellent end-of-life care for patients with dementia. J Gen Intern Med, 19: 1057–1063.

Smith, R. (2000): A good death. British Medical Journal, 320: 129–130.

Stagno, S. J.; Zhukovsky, D. S.; Walsh, D. (2000): Bioethics: Communication and Decision making in Advanced Disease. Seminars in Oncology, 27, 1: 94–100.

Steinhauser, K. E.; Clipp, E. C.; Tulsky, J. A. (2002): Evolution in measuring the quality of dying. Journal of Palliative Medicin, 5: 407–441.

Sandgathe Husebö, B.; Husebö, S. (2001): Die letzten Tage und Stunden. Palliative Care für Schwerkranke und Sterbende. MEDLEX Norwegische Gesundheitsinformation (www.lex.no).

Solomon, M. Z.; Jennings, B. (1998): Palliative Care for Alzheimer Patients: Implications for institutions, caregivers, and families. In: Volicer, L.; Hurley, A.: Hospice care for patients with advanced progressive dementia. Springer, New York: 132–154.

Vollmann, K. (2000): Chancen und Risiken von Patientenverfügungen bei demenziellen Störungen. Zeitschrift für Gerontopsychologie und -psychiatrie, 13: 38–50.

Vollmann, J. (2001): Advanced directives in patients with Alzheimer's disease. Ethical and clinical considerations. Medicine, Health Care and Philosophy, 4: 161–167.

Vachon, M. L. (2003): Psychische Belastung von Pflegekräften bei der Betreuung Sterbender. In: Wittkowski, J. (Hrsg.): Sterben, Tod und Trauer. Grundlagen, Methoden, Handlungsfelder. Kohlhammer, Stuttgart.

Volicer, L.; Hurley, A. (1998): Hospice Care for People with Advanced Dementia. Springer, New York.

WHO (2002): National Cancer Control Programms. Policies and Managerial Guidelines. 2nd. ed. Geneva: 83–84.

Wilkening, K. (2001): Hospizarbeit – Milieutherapeutischer Luxus für Demenzkranke? Die Hospizzeitschrift – Fachforum für Hospizarbeit, 8: 9–11.

Wilkening, K.; Kunz, R. (2003, 2. überarbeitete Auflage, 2005): Sterben im Pflegeheim – Perspektiven und Praxis einer neuen Abschiedskultur. Vandenhoeck und Ruprecht, Göttingen.

Wilkening, K.; Martin, M. (2003): Lebensqualität am Lebensende – Erfahrungen, Modelle und Perspektiven. Zeitschrift für Gerontologie und Geriatrie, 36: 333–338.

Wilkening, K. (2005): Der lange Abschied – Angehörigenarbeit und Sterbebegleitung im Heim. In: Kobler-von Komorowski, S.; Schmidt, H. (Hrsg.): Seelsorge im Alter – Herausforderungen für den Pflegealltag. Winter, Heidelberg: 250–254.

Über die Autorinnen und Autoren

Christian Petzold, Gesellschaft für Beratung und Sozialmanagement, Hohenzollerndamm 27a, 10713 Berlin.

Uwe Brucker, Medizinischer Dienst der Spitzenverbände der Krankenkassen e. V., Lützowstraße 53, 45141 Essen.

Kathrin Ohnsorge, Kastanienweg 9, CH-4052 Basel.

Barbara Reisach, Wittener Institut für angewandte Pflegewissenschaft, Alfred-Herrhausen-Straße 44, 58455 Witten.

Prof. Dr. Stella Reiter-Theil, Institut für Angewandte Ethik und Medizinethik, Universität Basel, Missionsstraße 21, CH-4003 Basel.

Dr. Beate Robertz-Grossmann, Bundesvereinigung für Gesundheit e. V., Heilsbachstraße 30, 53123 Bonn.

Dr. Traugott Roser, Interdisziplinäres Zentrum für Palliativmedizin, Klinikum der LMU München, Standort Großhadern, Marchioninistraße 15, 81377 München.

Dr. Christoph Schade, Bergstraße 50, 37133 Friedland.

Prof. Dr. Dr. Hans-Ludwig Schreiber, Georg-August-Universität Göttingen, Juristische Fakultät, Platz der Göttinger Sieben 6, 37073 Göttingen.

Prof. Dr. Ruth Schwerdt, FH Frankfurt am Main, Fachbereich 4, Nibelungenplatz 1, 60318 Frankfurt/Main.

Armin Stelzig, Alten- und Pflegeheim St. Maria-Josef, Niederhutstraße 14, 53474 Bad Neuenahr-Ahrweiler.

Prof. Dr. Clemens Tesch-Römer, Deutsches Zentrum für Altersfragen, Manfred-von-Richthofen-Straße 2, 12101 Berlin.

Helmut Wallrafen-Dreisow, Sozial-Holding der Stadt Mönchengladbach GmbH, Königstraße 151, 41236 Mönchengladbach.

Prof. Dr. Karin Wilkening, Fachhochschule Braunschweig, Jasperallee 41, 38102 Braunschweig.